L'ALLIER PITTORESQUE.

MOULINS. — IMPRIMÉ CHEZ L. THIBAUD.

L'ALLIER PITTORESQUE,

Histoire, Géographie, Statistique et Biographie

DU DÉPARTEMENT DE L'ALLIER,

PAR M. T. DE JOLIMONT

Dessins par MM. BARIAU, BERTHET et MONTILLET.

MOULINS
CHEZ MARTIAL PLACE, LIBRAIRE-ÉDITEUR,
9, rue des Grenouilles,
ET CHEZ TOUS LES LIBRAIRES DU DÉPARTEMENT.

1852.

COUP D'OEIL GÉNÉRAL

SUR LE

DÉPARTEMENT DE L'ALLIER.

Le département de l'Allier est un de ceux qui occupent le centre de la France ; il est compris entre le 51ᵉ degré 3' et le 52ᵉ degré de latitude septentrionale, entre 0 degré 6' de longitude occidentale et 1 degré 85' de longitude orientale du méridien de Paris.

Ce département est limitrophe, au Nord, de celui de la Nièvre; à l'Est, de ceux de Saône-et-Loire et de la Loire; au Sud, de celui du Puy-de-Dôme; à l'Ouest, de ceux de la Creuse et du Cher.

Le département de l'Allier est divisé en quatre arrondissements communaux formant quatre sous-préfectures, savoir : l'arrondissement de Moulins, celui de Gannat, celui de Lapalisse et celui de Montluçon.

Ces quatre arrondissements contiennent ensemble 26 cantons, 316 communes et environ 329,540 habitants.

Il occupe une superficie de terrain d'environ 726,279 hectares, ou 72 myriamètres carrés 92 kilomètres 79 centièmes, répartis ainsi entre les quatre arrondissements :

Arrondissement de Moulins,   257,744 kilomètres 35 ;
— de Montluçon,   205,615 kilomètres 35 ;
— de Lapalisse,   159,834 kilomètres 33 ;
— de Gannat,   103,085 kilomètres 86.

Le département de l'Allier est formé de la presque totalité de l'ancienne province du Bourbonnais.

Il tire son nom de l'Allier qui le traverse dans sa partie centrale, et dont le cours est à peu près de 28 lieues ou de 112 kilomètres du Sud au Nord.

La nature du sol comprend, par ordre de superposition, le granit du plateau central, le gneiss, le terrain houillier, le grès bigarré rouge alternant avec un grès blanc assez analogue à celui des

Voges et recouvert d'argiles panachées, le calcaire tertiaire, enfin des alluvions plus au moins épaisses.

La superficie du sol, bien qu'elle soit en plusieurs endroits assez fortement accidentée, est en général plate et unie ; peu de départements cependant présentent plus de variétés d'aspects et de productions, et des tableaux aussi brusquement tranchés : tantôt se développent d'immenses plaines et de riches côteaux soigneusement cultivés, tantôt d'épaisses forêts et des prairies sillonnées de rivières, çà et là des montagnes abruptes hérissées de blocs de granit et ravinées par les pluies ; là, de vastes terrains incultes où il ne croît que la bruyère et les genêts ; ici, on aperçoit des villes, des villages, des vieux châteaux isolés au milieu d'une plaine, tandis qu'ailleurs on les voit comme suspendus à la crête des côteaux ou aux pentes des collines, ou cachés dans le fond des vallons

Le voyageur qui explore ce département passe successivement des contrées si riantes et si fertiles de la Limagne dans ces déserts qui avoisinent le département du Cher vers l'Ouest, pays désolés où tout est repos et isolement, où l'on fait des lieues entières sans rencontrer une habitation. Il remarque en passant les sombres plateaux du Montet et de Commentry où l'industrie humaine vient fouiller les entrailles de la terre pour en arracher les richesses qu'elle y tient cachées. Il peut faire de délicieuses excursions soit sur les bords fleuris de la Besbre, de la Queune, de la Burges, soit dans les forêts de sapins appendues aux montagnes de Ferrières, ou sur les côteaux vineux de Saint-Pourçain, de Chantelle et autres; en un mot, les contrastes les plus frappants caractérisent les diverses contrées de ce département, et ont été remarquées et signalées par tous ceux qui se sont occupés de sa description et de sa statistique.

Plusieurs rivières arrosent le département de l'Allier, les principales sont, outre l'Allier dont nous avons parlé ci-dessus, la Loire, la Vouzance, l'Odde, la Roudon, la Besbre, le Sichon, le Mourgon, l'Andelot, la Sioule, la Bouble, la Queune, le Chamaron, le Cher et l'Aumance.

A ces cours d'eau, il faut ajouter une portion du canal du Cher qui s'étend de Montluçon à Ainay-le-Château où il quitte le département de l'Allier et passe dans celui du Cher, et une portion de celui de la Loire qui traverse les cantons du Donjon, de

Dompierre et de Chevagnes dans toute leur étendue.

On y trouve aussi une assez grande quantité d'étangs et de lagunes qui produisent de nombreux et d'excellents poissons, mais qui entretiennent dans le pays une humidité fiévreuse et malsaine ; enfin, d'abondantes sources d'eaux thermales qui alimentent différents établissements publics fréquentés dans la saison par un grand nombre d'étrangers, et contribuent à la prospérité du pays.

Les principales productions du sol dans le département de l'Allier sont, d'une part, le fer, le manganèse, la houille, le grès bigarré rouge et le grès blanc, le grès à aiguiser, le granit, la pierre à bâtir, le marbre, l'argile à potier, la terre à creusets, la pierre à chaux, etc.; d'autre part, le froment, l'orge, le seigle, l'avoine, le foin, des légumes de diverses espèces, des fruits, des vins rouges et blancs propres aux transports, et enfin du bois en abondance, car la partie boisée occupe environ le septième de l'étendue du territoire, ou cent neuf mille cinq cent vingt-sept hectares ; les essences dominantes de bois sont le chêne d'une très bonne nature, le hêtre, le charme, le bouleau et le sapin. On y élève toutes espèces de bestiaux, de troupeaux, d'oiseaux de basse-cour, etc.; le gibier y est très abondant, et, sous le rapport de la chasse, on sait la prédilection toute particulière que les rois et les princes ont eue en tout temps pour ce pays.

Neuf routes nationales et sept départementales traversent en tous sens le département de l'Allier, auxquelles il faut ajouter les diverses lignes de chemins de fer actuellement en exécution.

L'industrie consiste en fabriques de coutellerie estimées, de taillanderie, de billes de billard, plumes à écrire, grosse draperie, rubans-gallons, bonneterie, porcelaine, meubles en noyer, poterie de terre, forges, hauts fourneaux, tréfilerie, tannerie, cordages, verrerie à bouteilles, papeteries, etc., et on y fait commerce de grains, de vins, de chanvre, de bois de charpente et de marine, merrain, planches, bois à brûler, charbon de bois, houille, fer, etc., etc.

Le département de l'Allier compte 430 foires dans ses 26 chefs-lieux et 69 autres communes;

388 de ces foires existent d'ancienne date ; 4 seulement ont été créées de 1789 à 1814, toutes les autres ont été établies depuis cette dernière époque. A l'exception de 5, toutes les foires de l'Allier n'ont qu'un jour de durée. Les principales se tiennent à Lapalisse, Dompierre, Bourbon-l'Archambault, Saint-Pourçain, Limoise et Cosne. Le principal objet de ces foires consiste dans la vente de bestiaux, de grains, de légumes, de chanvre, de lin, de porcelaine, de faïence, de poterie, de coutellerie, enfin de marchandises de toute espèce pour les besoins du pays.

Le climat est en général tempéré, doux et sain, mais sujet à de très brusques variations de température qui ont lieu d'un jour à l'autre et quelquefois dans la même journée. On y a remarqué des hivers fort rigoureux et des étés très chauds. Les vents froids du Sud-Ouest y règnent assez ordinairement durant le printemps, et y apportent souvent des neiges et des gelées nuisibles à l'agriculture ; mais les automnes y sont en général fort beaux. Les orages y sont fréquents ainsi que la grêle, et les débordements et les inondations qui en sont la suite, y causent souvent les plus grands ravages.

Le caractère, l'esprit et les habitudes des habitants de l'Allier ont été diversement appréciés par les écrivains et les historiens du pays, et souvent avec une sévérité peu flatteuse pour le plus grand nombre. Tout ce qui en a été dit, du reste, peut se réduire à ceci : en général, un caractère doux, facile et patient, une certaine mobilité d'idées et d'inconstance de sentiments dus, dit-on, à l'inconstance du climat, un goût très prononcé pour l'indolence et le repos, un penchant vif pour la vanité et la parade extérieure (1), peu d'aptitude pour les arts, les sciences, la littérature et pour les travaux et les occupations qui demandent quelque contention d'esprit, une indifférence assez grande pour les choses, les événements et les personnes qui n'ont pas avec le pays une relation directe. Les passions, les grandes passions, de quelque nature qu'elles soient, s'y développent rarement ; de la prévoyance, de l'économie, le soin du bien-être personnel, mais avec honneur et probité, ce qui n'empêche pas un penchant assez irrésistible pour les plaisirs et les hasards du jeu. Les femmes y sont gracieuses, charitables et accortes ; on vante les bonnes manières

---

(1) Ce qui est exprimé par un vieux proverbe populaire : « Bourbonnichon, habit de velours, ventre de son. »

et l'esprit civil des citadins de Moulins, de Bourbon de Néris et de Vichy qui sont mis plus souvent que les autres habitants en contact avec les étrangers ; on préfère plus volontiers la vie obscure et pénible, les calmes jouissances de la vie vulgaire à tous les éléments de grandeur, à ces fortunes, à ces positions sociales si enviées ailleurs et qu'il faut conquérir par trop de soin et de labeur ; mais, en général, on y a l'esprit sociable, de l'affabilité dans l'accueil et de la bonhomie dans les relations civiles.

Ce tableau cependant souffre de nombreuses exceptions suivant les différences de localité, comme aussi dans certains individus de la même localité, et l'on rencontre çà et là quelques caractères plus fortement trempés, quelques ames plus actives et plus de dispositions au travail et à l'industrie ; du reste, la marche de la civilisation moderne et le frottement plus continu avec des habitants de diverses contrées, ont apporté et apporteront encore de fréquentes modifications à ce chapitre.

Quant au physique, le caractère général de la stature et des formes est médiocre ; les physionomies ne présentent ni beauté ni expression distinctive, beaucoup de femmes sont jolies, peu sont belles, toutes perdent promptement l'embonpoint et la fraîcheur de la jeunesse. Le climat, la qualité des eaux, certaines causes morales nuisent à la force du tempérament, au développement et au maintien de la santé ; cependant, en quelques endroits, notamment sur les bords de la Sioule, on parvient à un âge très avancé, et on cite bon nombre de centenaires.

D'après le caractère des habitants de l'Allier que nous venons de tracer, il est facile de se faire une idée des mœurs et de la vie privée dont le laisser-aller parfois et le peu de sévérité s'allient souvent à des habitudes religieuses et de dévotion, et avec un extérieur d'ordre et de régularité qui n'est cependant pas de l'hypocrisie. Si tous les ménages ne sont pas heureux ou exemplaires, il y règne toutefois une sorte de concorde qui prévient toute dissention ou séparation scandaleuse ; il y a une sorte de pacte universel qui fait qu'on s'entend parfaitement à l'amiable sur toutes choses, s'il y a des petites jalousies, des petites rivalités entre voisins, elles se dissimulent presque toujours sous des dehors polis ou de convenance. Il y a peu de querelles violentes, peu ou point de duels, peu de crimes, beaucoup de ruse et de finesse dans les affaires, ce qui n'exclut pas une sorte de bonne foi. Il y a tel campagnard, dit un historien, qui emploie plus de sagacité dans l'achat d'une pièce de bétail qu'un courtier de commerce dans la conclusion d'un marché de bourse, et développe plus de ressources et d'intrigues dans la vente d'un morceau de terre que le plus habile diplomate dans un congrès où il s'agit de la destinée de l'Europe.

Aussi, si les querelles d'intérêt ou autres se traduisent rarement en voies de fait, elles produisent souvent des procès qui, malheureusement pour les plaideurs, se terminent devant ce qu'on est convenu d'appeler la justice, où chaque parties, là comme ailleurs, excitées par de perfides conseillers, voient s'engloutir pour tout résultat leur fortune et leur repos.

Naguère encore, il y a quinze ou vingt ans, il eût été facile de retrouver dans tout le département de l'Allier de nombreuses traces de ces usages anciens, de ces coutumes singulières, de ces habitudes locales nées des institutions, des besoins, des croyances, des superstitions, des goûts populaires du Moyen-

Age que nous ne décrirons point ici parce que d'abord il faudrait de trop nombreuses pages pour ce tableau pittoresque, et puis parce que la marche successive de la civilisation en a laissé subsister peu de vestiges qu'il nous suffira d'indiquer ici.

C'est toujours sur la place publique, dans les villes comme dans les campagnes, vers l'heure de midi, à l'issue des offices, que se traitent toutes les affaires, que se concluent tous les marchés, que se transmettent toutes les nouvelles, tous les renseignements, tous les bruits publics; que se louent les ouvriers et les domestiques, etc.; certains préliminaires du jour des noces, les promenades de la mariée au son de la musette, de la cornemuse ou du bourdon; les *apports*, les fêtes patronales des corporations et leurs processions; les chants des noëls aux portes des maisons pendant l'Avent; les montagnardes et les bourrées (1); quelques pratiques pour conjurer le sort, les revenants et certaines calamités, etc., etc., ont survécu jusqu'à ce jour dans un grand nombre de localités malgré les enseignements des philosophes et des rénovateurs modernes.

(1) Danses.

L'ancien costume aussi a subi bien des modifications, mais la coiffure des femmes, ce petit chapeau bourbonnais en forme de nacelle antique, si singulier, si remarqué des étrangers, est encore en usage ; enfin, le langage primitif n'a point plus que le reste échappé à la transformation générale, et le patois ne se parle plus guère que dans quelques villages peu fréquentés.

Comme presque tous les départements de la France, celui de l'Allier renferme encore un assez grand nombre de monuments des différentes époques, mais qui sont d'autant plus rares que les époques sont plus éloignées. Ainsi, point de monuments gaulois ou druidiques, ou ce qu'on a cru découvrir est fort peu authentique. La domination romaine a laissé, au contraire, beaucoup de vestiges, mais plus en objet d'industrie, en poterie, etc. qu'en édifices dont les moindres traces ont en quelque sorte disparu du sol. Très peu d'édifices de l'époque romane, seulement des édifices religieux dont presque aucuns n'ont conservé leur pureté primitive. Les douzième et treizième siècles ont légué plus de richesses en ce genre ; on y trouve un mélange de style byzantin et mauresque, et l'alliance fréquente avec le style ogival à sa naissance. On ne sait à quoi attribuer l'extrême rareté des églises de la belle période ogivale des treizième et quatorzième siècles; mais celle des quinzième et seizième siècles fut plus féconde en tout. Il y a beaucoup moins qu'ailleurs d'édifices religieux d'une importance vraiment remarquable. Les vieux châteaux seulement y sont encore assez nombreux, et plusieurs méritent d'être cités. Nous parlerons en détail de tout ce qu'il y a de notable en ce genre en faisant la description particulière de chaque arrondissement, de chaque canton et de chaque commune.

Le département de l'Allier ressort de la cour d'appel de Riom dont la juridiction s'étend ensemble sur les départements du Puy-de-Dôme, du Cantal et de la Haute-Loire.

Il forme, pour la juridiction ecclésiastique, un diocèse qu'on appelle le diocèse de Moulins, suffragant du siége archiépiscopal de Sens.

Il fait partie de la dix-neuvième division militaire dont le chef-lieu est à Clermont, et qui comprend encore dans sa circonscription les départements du Puy-de-Dôme, du Cantal et de la Haute-Loire.

Il est compris dans la huitième légion de gendarmerie dont le chef-lieu est à Moulins, et qui est formée des compagnies de l'Allier, du Puy-de-Dôme, de la Nièvre et du Cher.

Il fait encore partie de la quinzième direction du génie militaire ;

De l'arrondissement minéralogique dont le chef-lieu est à Clermont (Puy-de-Dôme) ;

Et enfin de la vingt-troisième conservation forestière dont le chef-lieu est à Moulins.

ARRONDISSEMENT

DE GANNAT.

ARRONDISSEMENT
DE GANNAT.

L'arrondissement de Gannat occupe la partie la plus méridionale du département de l'Allier, et a pour confins, les arrondissements de Montluçon, de Moulins, de Lapalisse, et une portion du département du Puy-de-Dôme.

Son étendue superficielle est d'environ 97,540 hectares ou 190 kilomètres carrés.

Il est divisé en cinq cantons, qui sont les cantons de Chantelle, d'Ebreuil, d'Escurolles, de Gannat et de Saint-Pourçain, qui comprennent en tout soixante-huit communes.

Sa population, en 1849, était de 68,700 habitants.

Cet arrondissement est regardé comme le plus fertile et le plus riche du département ; le beau bassin de la Limagne commence dans cet arrondissement : des plaines, des monticules de bois y donnent au sol un aspect très varié : on y cultive le froment, l'orge, le chanvre et la vigne, — les bois, parmi lesquels il faut comprendre environ 5,000 hectares de forêts nationales, occupent à peu près le 15me de la superficie, — les produits minéralogiques y sont rares.

L'arrondissement de Gannat est arrosé par la rivière de l'Allier, qui la sépare de l'arrondissement de Lapalisse ; par celle de la Sioule qui la traverse en plusieurs sens et y fait mouvoir un assez grand nombre de moulins, et qui, après avoir baigné les murs de Saint-Pourçain, se déverse dans l'Allier, dont elle est un des principaux affluents ; par la petite rivière d'Andelot qui traverse les villes de Gannat et d'Escurolles, et vient se jeter dans l'Allier, en face de Chazeuil ; enfin par divers autres cours d'eau moins importants.

Il est traversé par la route nationale n° 9, de Paris à Perpignan, par la route de Limoges à Varennes, la route départementale de Montmarault à Gannat, celle de Gannat à Vichy, et par d'assez nombreux chemins vicinaux.

Comme la nature du sol et sa fécondité font de l'arrondissement de Gannat un pays particulièrement agricole ; son commerce principal, outre l'exploitation des bois, consiste dans l'exportation des céréales et des vins.

CLOCHER DE GANNAT
(Chef-lieu de Canton)

CANTON DE GANNAT.

Le canton de Gannat enclavé dans le bassin de la Limagne, est très fertile en fourrage, chanvre, froment, orge, noix et vins.

Le sol est très accidenté et présente en conséquence des natures de terrains très variées; il est quartzeux dans certaines parties, calcaire dans d'autres et granitique dans plusieurs.

Sa superficie est d'environ 14,000 hectares.

Le canton de Gannat est divisé en douze communes : savoir, Gannat, chef-lieu ; Bègues, Biozat, Charmes, Jenzat, Mayet-d'Ecole, Mazerier, Montaiguet, Poesat, St-Bonnet-de-Rochefort, St-Priest-d'Andelot et Saulzet, dont la population totale était, en 1849, de 13,800 habitants.

Commune de Gannat. — Chef-lieu de l'arrondissement et du canton du même nom, est dans une situation agréable, sur la petite rivière d'Andelot, dans une plaine fertile environnée de riants côteaux couverts de bois et de vignes.

Son étendue territoriale est de 3,677 hectares, dont 3,488 en labours, 148 en chemins, places et rues, 32 en maisons d'habitation et 9 en rivières et ruisseaux.

Sa population est de 5,250 habitants.

C'est le siége d'une sous-préfecture, et on y trouve un tribunal de première instance, une justice de paix, un conservateur des hypothèques, un sous-inspecteur des forêts, un receveur particulier, un bureau de poste et une poste aux chevaux, un collége communal, plusieurs écoles et pensionnats, une caisse d'épargnes, une salle d'asile, un hôpital, etc., etc.; c'est aussi la résidence d'une brigade de gendarmerie à pied et un gîte d'étape.

La commune de Gannat se compose de la partie urbaine ou la ville proprement dite qui contient 1,272 maisons et de la banlieue ou partie rurale qui en contient 130.

La ville de Gannat est assez mal bâtie et présente actuellement très peu de monuments dignes de remarques : nous citerons sur la place une maison qu'on croit avoir été habitée par les ducs de Bourbons, et dont la porte placée à un angle est ornée d'une espèce de porche à double arcade terminée par un pendentif élégant, œuvre du xve siècle.

Une autre maison sur la même place qui aurait, dit-on, appartenue à la famille de Fontange, famille d'où serait sortie cette demoiselle de Fontange, célèbre à la cour de Louis XIV, et qui donna son nom à un genre de coiffure qui fut longtemps en vogue.

Quelques restes de murailles fortifiées, et d'un ancien château dont on voit encore aujourd'hui quelques traces.

Ce château, qui était fortifié, se trouvait placé à trente mètres des remparts de la ville, dont il semblait défendre l'approche du côté des montagnes. Sa longueur était de 120 mètres sur 90 de largeur ; à chacune des extrémités s'élevait une tour ronde garnie de créneaux et de canonnières. De tous ces bâtiments, il ne reste plus que la grande salle, dite *Salle d'armes*, et deux autres chambres qui servent de logement au geôlier, et la prison formée des anciennes tours.

Enfin l'église paroissiale de Sainte-Croix qui présente plusieurs styles et plusieurs époques de construction, depuis le style roman jusqu'au style ogival tertiaire ; église qui du reste mérite d'être visitée, et qui renferme plusieurs objets curieux, entre autres un beau tableau représentant l'adoration des bergers, au bas duquel on lit : *Guido Franciscus, aniciensis* 1630 *fecit* ; il provient de l'ancien couvent des Capucins ; un autre tableau (la mort de Sainte-Elisabeth), peint dans la manière de Le Sueur ;

TOUR DES ANCIENNES FORTIFICATIONS DE GANNAT.

un ex-voto du xiiie siècle, peint sur bois ; un fort beau Christ en ivoire, et surtout un livre manuscrit (livre des Évangiles), qui paraît être du xe siècle, et dont la couverture est fort précieuse pour les amateurs d'antiquités ; elle est ornée, d'un côté, de rosaces de cuivre émaillé, encadrant un camée antique, et, de l'autre côté, d'un relief d'ivoire représentant, dans plusieurs compartiments contenus dans un cadre orné, divers sujets de la passion.

Si l'on peut reprocher aux habitants de Gannat d'avoir conservé un peu de la rudesse des habitants de l'Auvergne dont ils faisaient anciennement partie, ils sont du reste actifs et laborieux, hospitaliers et de bonne foi dans les affaires.

Il y a à Gannat un assez grand nombre de commerçants et d'industriels, les vins, la bière, les cuirs y sont des productions estimées.

On trouve dans les environs des mines d'alun et des sources d'eaux minérales ; on assure que vers les mois de mai et de juin les eaux d'une de ces sources deviennent malfaisantes et empoisonnent les animaux.

On célèbre à Gannat deux fêtes patronales qui attirent un grand concours de monde : le 3 mai, la fête de Sainte-Croix, et, le 9 juillet, celle de Sainte-Procule.

Il s'y tient aussi six foires, le premier mardi de carême, le 4 mai, le lendemain de la Sainte-Procule, le 14 septembre, le 18 novembre et le 22 décembre.

La ville de Gannat est traversée par la grande route de Paris à Clermont et est distante de Paris de 348 kilomètres et de 36 kilomètres de la ville de Moulins, chef-lieu du département.

L'origine de la ville de Gannat, dont le nom latin est *Gannatum* ou *Gannapum*, remonte, suivant quelques historiens, aux premiers temps du christianisme. Vers l'an 252, saint Antoine, envoyé par saint Austreberte, vint y prêcher la foi, fit de nombreux prosélytes et y bâtit bientôt une église dans un lieu appelé Gannat, où ne tardèrent pas à se grouper quelques maisons d'habitation qui auraient été le premier noyau de la ville actuelle.

Les étymologistes se sont mis en frais d'imagination pour rechercher d'où provenait le nom de Gannat, et ont prétendu que ce nom venait de celui d'une vierge Gauloise, appelée Ganna, qui avait remplacé dans la contrée la fameuse prophétesse Villeda.

Gannat fit d'abord partie de l'Auvergne et eut ses seigneurs particuliers, sans doute jusqu'au temps où Guy de Dompierre fut chargé par Philippe Auguste, en 1210, de soumettre Guy II, comte d'Auvergne, qui s'était révolté, et reçut en récompense plusieurs villes qui furent démembrées du comté d'Auvergne et dont Gannat faisait partie. C'était, au XIII° siècle, une ville déjà assez importante, et, vers la fin de ce siècle, on la voit figurer au nombre des châtellenies du Bourbonnais; cette ville reçoit une charte d'affranchissement en 1236, et des franchises lui sont encore confirmées en 1367.

Quoique cette ville ait toujours été fortifiée, elle n'eut jamais beaucoup à souffrir des guerres ni des invasions ennemies. Dans la guerre de la Praguerie, elle ouvrit ses portes sans résistance et avec *moult joie* à Charles VII, et conserva ainsi son repos et son indépendance. Pendant les troubles de la ligue, elle tint pour Henri IV, qui la récompensa en confirmant de nouveau tous ses privilèges par une charte du 16 juin 1596 : là se borne à peu près toute son histoire militaire.

Depuis cette époque, Gannat a considérablement accru sa prospérité et son importance; dès auparavant, sa population était déjà assez nombreuse pour avoir deux églises paroissiales, une collégiale, plusieurs communautés religieuses et un hôpital, et sous l'ancien gouvernement de la France, avant la révolution de 93, cette ville était le chef-lieu d'une élection, d'une châtellenie, avait un bailliage, une justice royale, un grenier à sel, un bureau de ferme, et une maréchaussée.

La ville de Gannat est la patrie de Antoine Duprat, d'une

famille bourgeoise, originaire d'Issoire, mais établie à Gannat où le père faisait les fonctions de procureur fiscal. Duprat comme on sait, fut cardinal, chancelier et légat ; — de Rabusson, maréchal-de-camp, l'un des plus vaillants capitaines de la garde impériale ; — du général Sauret ; — de Ribaud de la Chapelle : — de l'abbé Châtel, fondateur de l'Eglise française ; — de Joseph Hennequin, qui fut député à l'Assemblée législative, maire de Gannat et sous-préfet de l'arrondissement ; — enfin de Pierre-Antoine Meilheurat, un des derniers députés du département de l'Allier à la chambre législative, sous le gouvernement de Louis-Philippe, et directeur des affaires criminelles et des grâces.

Aux environs, et tout près de Gannat, on trouve une petite chapelle fort peu remarquable par sa structure sans doute, mais dont l'existence se rattache à une pieuse légende fort accréditée dans le pays, et est l'objet d'un pélerinage qui attire constamment un grand concours de monde de l'Auvergne et du Bourbonnais : c'est la chapelle de Sainte-Procule, vierge et martyre, qui fut décapitée en ce lieu même au IXe siècle : malgré la grave incrédulité de la philosophie de nos jours, cette naïve légende mérite de trouver place ici.

Procule, fille unique d'une des plus puissantes maisons de la contrée, était d'une beauté remarquable ; elle résolut à vingt-quatre ans de fuir le monde et de se consacrer à Dieu, quoique demandée en mariage par Gérard, comte d'Aurillac, et que ses parents voulussent la contraindre à cette union. Pour se soustraire aux persécutions qu'elle éprouvait à ce sujet, elle s'enfuit un jour dans les bois des environs de Gannat, et y vécut quelque temps cachée dans les rochers où des villageoises qui l'avaient découverte en conduisant leurs troupeaux lui fournissaient des aliments ; mais bientôt sa retraite fut connue du comte Gérard, qui, conduit par un de ses agents, se rendit auprès de la belle et sainte fugitive et lui fit les plus vives instances pour qu'elle voulût l'accepter pour époux ; mais les refus réitérés et le mépris qu'il en reçut ayant allumé sa colère et guéri son amour, il lui trancha la tête ! Sainte Procule prit alors sa tête des deux mains et marcha vers la ville, se reposant cinq fois dans le chemin, et arriva ainsi au pied de l'autel de l'église de Sainte-Croix, où elle posa sa tête et resta privée de tout mouvement. Les fidèles, bientôt instruits de ce prodige, élevèrent une chapelle sur le lieu même où s'était passé le meurtre et un petit monument à chacune des cinq stations que la sainte avait faites en chemin.

Un peu plus loin, au-delà de la chapelle de Sainte-Procule, toujours dans le voisinage de Gannat, nous indiquerons encore deux châteaux remarquables, — celui de la *Faulconnière*, désigné dans le pays sous le nom de Maison de Chasse des seigneurs du Bourbonnais, mais qui dans l'origine fut construit par les soins de l'archevêque d'Aix, dans le XVIe siècle, Pierre Filhot, à qui Anne de France accorda le droit de haute, moyenne et basse justice sur tout le territoire de la seigneurie de la Faulconnière. Ce château passa depuis à la famille de Fontange, héritière de l'archevêque. C'était primitivement une forteresse flanquée de quatre tours à toits coniques; sa position sur un côteau d'où on domine sur tout le bassin de la Limagne, en fait une habitation des plus agréables ; enfin, non loin de là le château de *Chiroux*, élevé sur un mamelon et de forme octogone, présente aussi un aspect des plus pittoresques, quoi qu'on en ait détruit une partie qui formait l'entrée du côté du Midi.

Commune de Bègues. — Petite commune à quatre kilomètres de Gannat, dont l'étendue est de 834 hectares et la population de 475 habitants ; ses maisons sont au nombre de 144, et on y voit une petite église romane, sous le porche de laquelle est une peinture à fresque du XIVe siècle assez bien conservée.

On pense qu'il y aura eu là quelque villa romaine ; car sur tout le territoire on a découvert une grande quantité de médailles impériales, de fragments d'amphores et de vases funéraires ; on prétend même qu'on aurait détruit, il y a quelque temps, des dolmens Gaulois : c'est surtout dans le jardin du château moderne de Bègues qu'on aurait découvert la plus grande quantité d'antiquités.

Commune de Biozat. — Etendue, 818 hectares ; — population, 1,534 habitants ; — maisons, 189. A quatre kilomètres de Gannat.

C'est dans cette commune qu'est née Marie-Madeleine Albert, condamnée à la peine des parricides, le 24 février 1811, pour avoir assassiné dans la même nuit du 15 janvier, son père, sa mère, son frère et sa sœur ; elle entendit sa condamnation sans aucune émotion et reçut la mort avec le plus grand sang-froid.

Commune de Charmes. — 818 hectares ; — 700 habitants ; 189 maisons. A quatre kilomètres de Gannat.

Commune de Jenzat. — Superficie, 1,179 hectares ; — — population, 1,158 habitants ; — maisons, 345.

C'est un village arrosé par la Sioule, qui, là, se dégage des collines qui resserrent son lit et entre dans une riche et riante vallée, bordée de côteaux dont les vignes produisent des vins si estimés qu'on leur donne dans le pays les noms des vins les plus célèbres de la Bourgogne, tels que de Côte-Rôtie, de l'Ermitage, etc.

Jenzat était un doyenné d'origine fort ancienne et qui devint très florissant au xie siècle, grâce aux libéralités d'Hubert de Gannat et de sa mère Elisabeth : il y avait un château fort, qui a été remplacé par une maison de plaisance ; on découvrit près de ce lieu, en 1751, divers fragments d'armes, d'épées en acier et en bronze, et qui donnèrent lieu dans le temps à diverses dissertations savantes entre MM. de Caylus, l'abbé Barthélemy et autres, sur lesquelles on peut consulter les mémoires de l'Académie des Inscriptions, tome 25. Jenzat est à huit kilomètres de Gannat.

Commune du Mayet-d'Ecole. — Etendue, 675 hectares ; — population, 839 habitants ; — maisons, 722 ; — productions : vins, froment, céréales de toutes natures ; petit bourg où il y eut autrefois une commanderie de Templiers, qui a passé ensuite aux chevaliers de l'ordre de Malte : leur maison qui n'avait rien de remarquable, existait encore il y a peu d'années. Le Mayet eut des seigneurs particuliers, dont plusieurs figurent dans des actes relatifs à la famille de Bourbon. A sept kilomètres de Gannat.

Commune de Mazerier. — Etendue, 925 hectares ; — population, 483 habitants ; — maisons, 127. Village à quatre kilomètres de Gannat.

Commune de Monteignet. — Etendue, 995 hectares ; — population, 592 habitants ; — maisons, 59. A cinq kilomètres de Gannat.

Commune de Poésat. — Etendue, 211 hectares ; — population, 255 habitants ; — maisons, 59. Très petit village, à quatre kilomètres de Gannat.

Commune de Saint-Bonnet-de-Rochefort. — Etendue, 1,627 hectares ; — population, 1,266 habitants ; — maisons, 595 ; — productions : des céréales, des vins et du chanvre.

Saint-Bonnet-de-Rochefort était autrefois le chef-lieu d'une châtellenie, dont le territoire s'étendait au Nord, vers les confins du Bourbonnais ; il reste de beaux débris du château, dont une partie a été arrangée à la moderne, ce château qui a été fort considérable est placé sur un rocher à mi-côte sur la rive gauche de la Sioule. Le corps du château était flanqué de quatre tours très élevées, les unes terminées en plate-formes, les autres surmontées de hautes toitures : elles communiquaient entre elles par des courtines et un chemin couvert ; les murs ont dix pieds d'épaisseur, la porte d'entrée était à l'Est avec pont-

CHATEAU DE ROCHEFORT.
(Canton de Gannau.)

levis, fossés-taillés dans le roc et en avant une sorte de barbacanne avec deux tours, dans l'une desquelles était une chapelle et dans l'autre une prison ; une grande partie de ces constructions ont disparu. Ce château appartient depuis plus de deux siècles à la famille de Gaspard du Ligondès, dont un des membres était, en 1726, capitaine de vaisseau et mourut à Brest des suites de ses blessures. Saint-Bonnet-de-Rochefort est à huit kilomètres de Gannat.

Commune de Saint-Priest-d'Andelot. — Etendue, 816 hectares ; — population, 333 habitants ; — maisons, 85. Petit village à quatre kilomètres de Gannat.

Commune de Saulzet. — Etendue, 890 hectares ; — population, 912 habitants ; — maisons, 224. A quatre kilomètres de Gannat.

CANTON DE CHANTELLE.

Son étendue est de 22,946 hectares. — Sa population de 13,560 habitants; il est divisé en quinze communes; — le sol est généralement couvert de bois; peu propre à la culture du froment; le commerce consiste en exploitation de céréales, de vins estimés et de bois.

Commune de Chantelle, chef-lieu de canton. — Etendue, 1,097 hectares; — population, 1,800 habitants; — maisons, 468. — Cette commune produit en abondance d'excellents vins, des blés et du seigle, — beaucoup de pâturages plantés de noyers, et dans les vignes, outre la récolte des raisins, on recueille toutes sortes de légumes, et on y cultive aussi beaucoup d'arbres fruitiers, principalement des cerisiers et des pêchers.

Chantelle, qu'on appelle aussi Chantelle-le-Château, est une ville dont il est fait mention dans les lettres de Sidoine Apollinaire, qui visita son église vers l'an 480; elle a succédé à une autre Chantelle, dite Chantelle-la-Vieille, qui n'est plus aujourd'hui qu'un hameau; mais qui, sous les Romains, fut longtemps un poste important, indiqué, par les Tables théodosiennes, sous le nom de *Cantilia*. Au ve siècle, Chantelle-la-Nouvelle, *Cantilia-Nova*, était déjà florissante; elle prit le nom de Chantelle-le-Château, d'un château considérable, possédé par le duc d'Aquitaine, dont Pépin s'empara en 762, et qui devint la propriété des seigneurs de Bourbon, vers le xe siècle. Ce château fut reconstruit par eux, et était sur une colline élevée, environné d'immenses fortifications et défendu du côté de l'Ouest par un épouvantable précipice, bordé

CHANTELLE.
(Chef lieu de Canton).

de rochers, au fond duquel coule le torrent de la Bouble; c'était la plus forte place des seigneurs de Bourbon, qui tenait en respect du côté de l'Auvergne, les peuples des marches aquitaniques; c'est à ce château que Chantelle dut sa prospérité, les seigneurs de Bourbon l'habitèrent souvent; le duc Louis II en tirait ses machines de guerre dans le XIV° siècle; c'est au duc Louis II qu'est dû l'accroissement le plus considérable de ce château magnifique alors, et dont l'historien Nicolaï nous a conservé une description très détaillée.

Anne de France y a aussi résidé souvent et s'est plu à l'embellir de somptueuses constructions; enfin le connétable de Bourbon s'était surtout attaché à faire de cet endroit une place de guerre imprenable, mais François Ier en ordonna la démolition et le fit presque raser. Depuis 1789, surtout, on en a fait une sorte de carrière, où les habitants sont venus librement se pourvoir de pierres à bâtir; il en reste encore cependant quelques vestiges assez importants.

Du reste, Chantelle n'a été célèbre que par la magnificence de son château et n'a été le théâtre d'aucun fait mémorable, si ce n'est quelque part insignifiante dans des guerres civiles ou quelques luttes entre seigneurs voisins.

La ville de Chantelle, entièrement déchue aujourd'hui de sa splendeur du moyen-âge, ne mérite plus d'être citée que pour sa situation des plus pittoresques; elle est à un myriamètre six kilomètres de Gannat.

Morio de l'Isle, officier de la Légion-d'Honneur, maréchal-de-camp, parti comme volontaire en 1791, et qui a pris une part distinguée dans toutes les guerres de la Révolution, était né à Chantelle.

Commune de Barberier. — Etendue, 806 hectares; — population, 368 habitants; — maisons, 75; — très petite commune dont le territoire produit principalement du froment. On fit l'essaie dans le château de Barberier d'une fabrique de sucre indigène qui ne fut pas couronné de succès ; distante de Gannat de deux myriamètres.

Commune de Chareil-Cintrat. — Etendue, 1,262 hectares ; — population, 889 habitants ; — maisons, 172. — On y cultive principalement la vigne ; le château est situé sur la rivière de la Bouble, et on y remarque de fort belles cheminées, du style de la Renaissance, et délicatement sculptées ; à deux myriamètres de Gannat.

Commune de Charroux. — Etendue, 1,242 hectares ; — population, 1,640 habitants ; — maisons, 462. — Commerce important de tannerie, de grains et de chaux.

Petite ville bâtie sur une montagne d'où l'on découvre dans un vaste horizon la ville de Chantelle et une foule de bourgs et de villages ; le pays d'alentour ressemble aux meilleurs cantons de la Limagne. — Dans le moyen-âge on y construisait un château et des remparts dont il ne reste aucune trace ; il paraît qu'au xiie siècle ce lieu était déjà important, puisqu'Archambault lui accorda des franchises aussi étendues qu'à aucune ville du Bourbonnais ; cependant l'histoire ne consigne dans l'existence de la ville de Charroux qu'une suite de catastrophes et de malheurs qui ont amené sa ruine.

En 1422, une maladie contagieuse y exerça des ravages épouvantables, ce qui dura jusqu'en 1435 ; la population avait diminué des trois quarts, on n'enterrait plus les morts, mais ils étaient jetés pêle-mêle dans des fosses remplies de chaux ; à peine ce fléau avait-il cessé que Charles VII vint apporter la guerre dans le Bourbonnais pour combattre les prétentions du dauphin, son fils ; il assiégea Charroux qui fit vive résistance ; la ville fut prise d'assaut et livrée au pillage. Les soldats du roi se livrèrent pendant quinze jours à tous les excès, et sortirent de la ville, *bien aises et bien rafraîchis y ayant trouvé force biens.*

CHATEAU DE CHAREIL.
(Canton de Chantelle.)

BEFFROI DE CHARROUX
(Canton de Chantelle.)

En 1440, la ville soutint un autre siége contre les troupes bourguignonnes. Si cette fois elle fut plus heureuse et put se relever un peu de ses ruines, les guerres de religion lui firent éprouver de nouvelles catastrophes plus affreuses encore que les précédentes. En 1568, entre autres, un corps de Huguenots se porta sur Charroux, en fit le siége, et, après quelques jours de vains efforts, la ville fut emportée d'assaut, la garnison passée au fil de l'épée, les religieux d'un monastère voisin massacrés, les murailles et les tours démantelées, la plupart des maisons rasées, et les vainqueurs n'en sortirent que lorsqu'ils furent las de débauches et de crimes.

Depuis ce temps, la ville de Charroux a toujours été en décroissant et n'a pas retrouvé dans nos diverses transformations gouvernementales l'importance qu'elle avait eue primitivement.

Excepté son église paroissiale de Saint-Jean, qui n'a rien de remarquable, et un vieux beffroi, on ne retrouve plus à Charroux aucunes des anciennes constructions. Charroux est à un myriamètre deux kilomètres de Gannat.

C'est la patrie de J.-B. Poigue, avocat et homme de lettres, qui a publié un grand nombre de notices intéressantes sur diverses localités du Bourbonnais, entre autres sur sa ville natale et sur la ville et l'arrondissement de Gannat.

Commune de Chezelles. — Etendue, 726 hectares; — population, 548 habitants; — maisons, 128; — productions : vin, froment, orge et avoine.

Joli petit bourg où l'on trouve une église romane, qui pourrait remonter au xe siècle. Le jour de la Saint-Jean, jour de la fête patronale, il se tient là une assemblée pour le louage des domestiques des deux sexes, ce qui attire une affluence considérable de monde. Il s'y consomme, en cette circonstance, vingt hectolitres de vin, et des provisions de bouche en proportion. On y tient aussi une sorte de foire où il se fait

Commune de Louroux-de-Bouble. — Etendue, 1,663 hectares ; — population, 728 habitants ; maisons, 166. A deux myriamètres quatre kilomètres de Gannat.

Commune de Nades. — Etendue, 808 hectares ; — population, 877 habitants ; — maisons, 239 ; — industrie, plâtre, etc. Il y avait là un château qui présentait une enceinte carrée, des tours à créneaux, etc., qui est aujourd'hui considérablement endommagé ; il appartenait, en 1449, à Marie de Chauvigni ; en 1550 à Françoise de Montmorin ; depuis, à Jean de Lafayette, en 1603, qui le vendit à M. Lenoir, fermier général. A deux myriamètres de Gannat.

Commune de Naves. — Etendue, 808 hectares ; — population, 877 habitants ; — maisons, 239 ; — industrie, plâtre. Ruine d'une forteresse sur laquelle nous n'avons aucuns détails. On prétend, cependant, qu'elle aurait appartenue à Jacques Cœur. A un myriamètre deux kilomètres de Gannat.

Commune de Sussat. — Etendue, 795 hectares ; — population, 451 habitants ; — maisons, 125. A un myriamètre deux kilomètres de Gannat.

Commune de Valignat. — Etendue, 232 hectares ; — population, 259 habitants ; — maisons, 84. A un myriamètre deux kilomètres de Gannat.

Commune de Veauce. — Etendue, 357 hectares ; — population, 218 habitants ; — maisons, 47 ; — industrie, tissage, tuilerie.

Très petit village qui tire toute son importance d'un très beau château bâti sur un rocher isolé et très élevé, à l'extrémité d'une gorge d'où sort une petite rivière qu'on appelle la Veauce, et qui a donné son nom à la commune. L'irrégularité de ses constructions, ses tours, les deux belles terrasses qui lui servent de base lui donnent un aspect des plus pittoresques ; ce château se composait d'une enceinte polygonale, reliée par une galerie crénelée avec plusieurs tours, dont la principale servait de donjon, et une double porte à pont-levis, herse, machicoulis, etc., à laquelle on n'arrivait que par un chemin très escarpé ; la grande terrasse, au-devant du logis principal, a coûté, dit-on, des sommes énormes à une dame Blain-le-Loup, alors propriétaire, et on ajoute, comme anecdote, que le fils de cette dame, jeune étourdi, voulant faire caracoler un cheval fougueux sur cette terrasse qui n'était point achevée, se précipita, lui et le cheval, dans les fossés hérissés de rochers, ce qui coûta la vie à l'homme et au cheval.

Ce beau manoir féodal appartenait, en 1581, à Jeannot de Bessolles ; depuis, aux Blain-le-Loup, aux de Blot, puis aux Cadier de Veauce. Il fut longtemps en un état de ruine et de délabrement déplorable ; mais le propriétaire vient de le faire restaurer complètement et meubler et agencer avec une sorte de somptuosité qui a, dit-on, exigé des sommes considérables. On y trouve, entre autres choses, une belle galerie remplie d'objets d'art et de curiosité.

L'église, de style roman, est conservée presque dans son entière intégrité ; c'était autrefois le siége d'un chapitre, dont les curés des environs étaient chanoines. On y voyait, avant la révolution de 89, un beau mausolée qu'on pense avoir été celui de Jeannot de Bessolles. A un myriamètre quatre kilomètres de Gannat.

Commune de Vernusse. — Etendue, 1,956 hectares ; — population, 702 habitants ; — maisons, 160.

Très petite commune qui a quelque célébrité à cause d'une statue miraculeuse de la sainte Vierge, qui, suivant une tradition fort accréditée dans le pays, serait descendue du ciel directement, et aurait choisi pour son tabernacle un tronc se vouent à l'instruction de jeunes élèves, tant internes qu'externes. A deux myriamètres huit kilomètres de Gannat; — l'église de la paroisse paraît être du xie siècle ou du commencement du xiie.

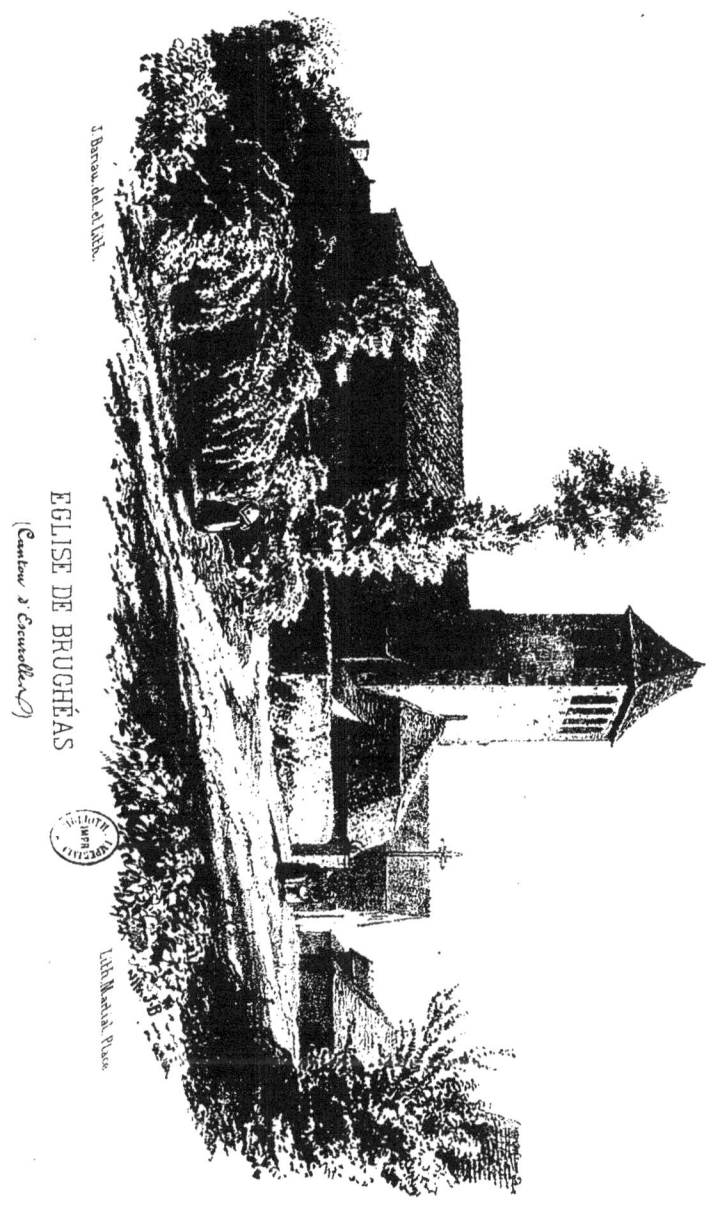

ÉGLISE DE BRUGHÉAS
(Canton d'Escurolles)

CANTON D'ESCUROLLES.

Son étendue est de 23,482 hectares; sa population, 12,756 habitants; il est enclavé dans le riche bassin de la Limagne, et produit le froment, l'orge et le chanvre, etc.; il est divisé en treize communes : Escurolles, Broût-Vernet, Brugheas, Charmeil, Cognat, Espinasse-Vozelle, Hauterive, Saint-Didier, Saint-Pont, Saint-Rémy, Serbannes, Vendat et Vesse.

Commune d'Escurolles, chef-lieu de canton. — Etendue, 1,326 hectares; — population, 1,194 habitants; — maisons, 273; — productions : toutes sortes de céréales en abondance, de beaux fruits, chanvre, etc. Bourg situé sur la rive gauche de l'Andelot. Il y avait, à Escurolles, une ancienne abbaye de Génovéfains, dont l'abbé portait crosse et mitre. On assure qu'il existe encore dans les débris de ce couvent des oubliettes sur l'usage desquelles il se raconte des bruits plus ou moins véridiques. Il y a une école primaire, un bureau d'enregistrement et un comice agricole, institué le 16 mai 1843. A huit kilomètres de Gannat.

Commune de Broût-Vernet. — Etendue, 3,171 hectares; — population, 1,713 habitants; — maisons, 392; — productions : céréales. Cette commune est composée de deux anciennes paroisses, qui, autrefois, étaient séparées, et qui, vers le milieu du xvie siècle, eurent, ainsi que tout le pays environnant, beaucoup à souffrir des bandes de rètres et de lansquenets, troupes indisciplinées, qui traversèrent la Sioule à Vernat et l'Allier à Maringue, et se répandirent partout pendant plus de dix-huit jours, brûlant les métairies, détruisant les châteaux, renversant de fond en comble les villages, dont les paysans furent obligés de fuir vers l'Auvergne et le Berry en mendiant le long des routes.

L'église de Broût est de style roman, et l'abside se termine par trois chapelles circulaires voûtées à cul de four.

C'est dans cette commune qu'est établi l'institut agricole créé par M. de Bonneval, et qui a reçu d'honorables encouragements du gouvernement et du conseil général de l'Allier. A un myriamètre deux kilomètres de Gannat.

Commune de Brugheas. — Etendue, 2,675 hectares; — population, 1,759 habitants; — maisons, 492; — productions: bois et blés; village assez considérable, situé à la source du Barron. A un myriamètre deux kilomètres de Gannat.

Commune de Charmeil. — Etendue, 805 hectares; — population, 370 habitants; — maisons, 80. A un myriamètre six kilomètres de Gannat.

Commune de Cognat. — Etendue, 1,250 hectares; — population, 997 habitants; — maisons, 242. C'est près de ce village qu'eut lieu, le 6 janvier 1568, le fait d'armes le plus remarquable des guerres de religion dans le Bourbonnais; les catholiques défendaient le château qui appartenait à Lafayette, un de leurs chefs; une mêlée de cavalerie décida l'affaire: les protestants restèrent maîtres du champ de bataille et brûlèrent le château et l'église. Le seigneur de Cognat, Lafayette, fut tué dans l'affaire, et Poncenat, un des chefs protestants, à la bravoure duquel était due la victoire, périt aussi victime d'une méprise des siens, qui, la nuit, lorsqu'il poursuivait avec acharnement des fuyards, fut frappé par ses propres soldats qui ne le reconnurent point. L'historien Belforest est le seul qui nous ait conservé des détails intéressants de cette affaire.

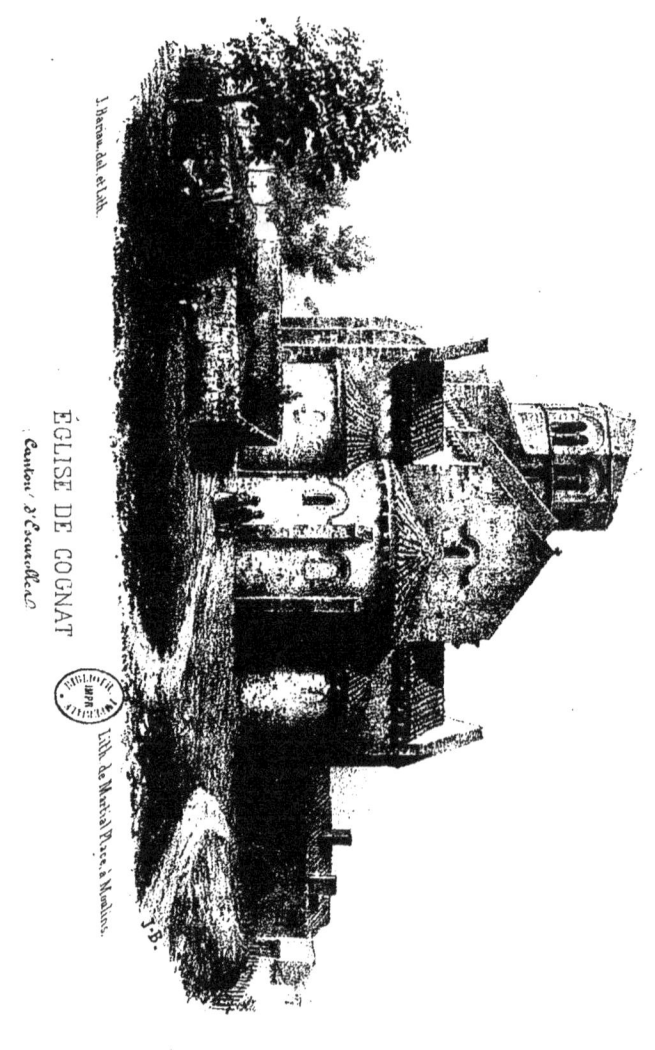

ÉGLISE DE COGNAT
Canton d'Escurolles

L'église de Cognat est surmontée d'un clocher fort élevé et que l'on aperçoit de fort loin.

La terre de Cognat a appartenue d'abord à Gilbert de Jarric, puis à la maison de Lafayette, et enfin à la famille de l'Espinasse. A huit kilomètres de Gannat.

Commune de l'Espinasse-Vozelle. — Etendue, 1,787 hectares; — population, 803 habitants; — maisons, 193. A un myriamètre deux kilomètres de Gannat.

Commune de Hauterive. — Etendue, 808 hectares; — population, 352 habitants; — maisons, 89. A deux myriamètres de Gannat; on y trouve des eaux minérales qui contiennent du bi-carbonate de soude en grande quantité. Ces eaux sont à quelques kilomètres seulement des sources de Vichy.

Commune de Saint-Didier. — Etendue, 3,359 hectares; — population, 763 habitants; — maisons, 183. Petit village dont les chaumières sont éparses sur un terrain élevé et inégal. On raconte que lorsqu'on traça la route qui traverse le village, on coupa un monticule, espèce de tumulus qui avait servi de cimetière, et que les terres n'ayant pas été retenues pendant les travaux, il arriva des orages et de grandes pluies qui entraînèrent pêle-mêle jusque dans la rivière d'Andelot, des ossements, des crânes humains, des débris de cercueils, et qu'on ne s'empressa pas de remédier à ce scandale qui dura trop longtemps. A un myriamètre six kilomètres de Gannat.

Commune de Saint-Pont. — Etendue, 1,231 hectares; — population, 1,056 habitants; — maisons, 256. Le château est remarquable par de nombreux détails d'architecture dans le style de la Renaissance. A huit kilomètres de Gannat.

Commune de Saint-Rémy-en-Rollat. — Etendue, 2,083 hectares; — population, 970 habitants; — maisons, 288; —

productions : vins, céréales, bois. A deux myriamètres de Gannat.

Commune de Serbannes. — Etendue, 1,429 hectares; — population, 700 habitants; — maisons, 173; — productions: céréales. A un myriamètre deux kilomètres de Gannat.

Commune de Vendat. — Etendue, 1,675 hectares; — population, 1,168 habitants; — maisons, 378; il y avait un beau château dont les ruines s'élèvent encore à mi-côte sur un mamelon rapide et escarpé. A un myriamètre quatre kilomètres de Gannat.

Commune de Vesse. — Etendue, 1,878 hectares; — population, 670 habitants; — maisons, 207; — productions : foins et céréales; village au confluent de l'Allier et du Sarmon. A un myriamètre six kilomètres de Gannat.

CANTON D'ÉBREUIL.

Son étendue est de 22,880 hectares ; — sa population est de 13,755 habitants ; — Ses maisons de 3,338 ; — ses productions, des céréales, particulièrement les seigles, vins et quelques minéraux ; la nature du sol est composée de micaschite calcaire, d'eau douce, sables tertiaires alluvions. Il est divisé en quinze communes, savoir : Ebreuil, Bellenaves, Chirat-l'Eglise, Chouvigny, Coutansouze, Echassières, Lalizolle, Louroux-de-Bouble, Nades, Naves, Sussat, Valignat, Veauce, Vernusse et Vicq.

Commune d'Ebreuil, chef-lieu de canton. — Etendue, 2,200 hectares ; — population, 2,375 habitants ; — maisons, 603 ; — productions : le froment, l'orge, le seigle, les prairies artificielles et des vins renommés ; le commerce de farine est assez important et il existe des moulins considérables dans le genre de ceux de Corbeil ; il y a aussi des tuileries et des fours à chaux.

Ville dont l'origine est fort ancienne, Sidoine-Appolinaire en parle comme ayant été fort dévastée par les Barbares ; lui-même, à ce qu'on présume, y avait une habitation. Au viiie siècle, il y avait, à Ebreuil, un château royal appartenant au duc d'Aquitaine, et Charlemagne y possédait un palais qui était un des quatre qu'il avait fixés pour la résidence de son fils Louis.

Ebreuil appartint aux rois Francs jusqu'en 971, époque où Lothaire le concéda à des moines qui y fondèrent un monastère dédié à Saint-Léger, évêque d'Autun ; ce monastère devint, en peu de temps, très important, et fut, en 1080, érigé en abbaye de l'ordre de Saint-Benoît qui fut mise sous la protection immédiate du Saint-Siége, et devint si florissante qu'en l'an 1115, elle possédait trente-quatre églises dans le diocèse de Bourges, six dans le diocèse de Rhodez, et douze dans celui de Sens, outre divers prieurés et chapelles, et elle avait encore une source abondante de richesses dans la possession des reliques de Saint-Maixant, très vénérées alors, et qu'on y avait transportées dès le xe siècle.

Les abbés de cette abbaye étaient seigneurs spirituels et temporels de la ville d'Ebreuil, et faisaient foi et hommage lige aux ducs de Bourbon et aux comtes d'Auvergne, prêtant serment de *féauté pour leur ville chastel et chastellenie et juridiction, justice, cens et rente d'Ebreuil*. Cette abbaye a existé jusqu'au XVIIe siècle avec splendeur, et, sous son patronnage, la ville d'Ebreuil avait pris, dès les premiers temps, un accroissement fort considérable ; ses habitants cultivaient en paix la belle et fertile vallée arrosée par la Sioule, et si paisiblement même, qu'ils ne connurent qu'une seule fois, par crainte seulement, des malheurs de la guerre ; c'était, en 1440, durant la guerre de la Praguerie. Le seigneur de Chabannes, à la tête des révoltés, s'était emparé de la ville ; le roi Charles VII, en arrivant de soumettre en Auvergne et en Poitou les villes rebelles, vint mettre le siége devant Ebreuil, et, avant toutes hostilités, fit sommer les habitants de se rendre, ce que *ces bonnes gens firent volontiers*, et le roi séjourna deux jours parmi eux.

A partir du commencement du XVIIIe siècle, l'abbaye d'Ebreuil perdit beaucoup de son importance, et en 1765, le personnel en était réduit à quatre religieux seulement ; Louis XV et l'évêque de Clermont en prononcèrent la suppression et y établirent un hôpital desservi par des religieux de la Charité ; c'est ainsi que, successivement, se sont évanouies et s'évanouissent les puissances et les grandeurs humaines.

EBREUIL

La ville d'Ebreuil, située sur la rive gauche de la Sioule, dans une position riante et pittoresque, n'a conservé de monuments remarquables que son église (l'église abbatiale), dont plusieurs parties, de style roman, paraissent être au moins du xe siècle, et probablement de la construction primitive ; la porte de la façade occidentale est fort curieuse et garnie de vanteaux, ornés de ferrures remarquables et des premiers temps même de l'édifice ; on y voit des têtes de marteaux qui ont été dorées et sur lesquelles se trouvent des figures singulières ; telles qu'un joueur de harpe, un varlet, un cavalier, etc., etc., une inscription latine : *œdes pontifica per quam justi redeunt in patriam.*

Dans l'intérieur de l'église on conserve un objet d'art et de curiosité remarquable : c'est la châsse de Saint-Léger, patron de l'ancienne abbaye ; elle a la forme d'un édifice religieux du xve siècle à double pignon ; sur les côtés, disposés en arcades, sont les images des douze apôtres ; sur les cintres, on a figuré des bourreaux d'une expression sauvage, brandissant de larges coutelas ; le saint évêque d'Autun était représenté en amortissement au-dessus des pignons. Cette belle châsse, exécutée dans le xve siècle, a été restaurée, il y a peu d'année, avec beaucoup de soin.

L'ancien palais abbatial, forteresse carrée avec quatre tours rondes et une porte à herse, a été détruit au commencement du xviie siècle, par l'abbé Pierre de Combes, pour en faire construire un à la moderne.

L'église d'Ebreuil est classée au nombre des monuments historiques.

L'air à Ebreuil est d'une grande salubrité et soit l'effet des eaux de la Sioule ou de la sobriété des habitants, on y voit moins de maladies qu'ailleurs, et on y cite de nombreux exemples de longévité.

Ebreuil est à huit kilomètres de Gannat.

Il existe sur la ville d'Ebreuil une bonne notice, publiée par

M. Peigue. Voyez les Tablettes de l'*Annuaire de l'Allier* 1842, page 292.

Pierre Boirot-Desservièrts, docteur en médecine, inspecteur des eaux de Néris, et auteur d'un *Traité sur les eaux minérales de cette ville*, était né à Ebreuil.

Commune de Bellenaves-Saint-Bonnet. — Etendue, 3,442 hectares ; — population, 2,662 habitants ; — maisons, 606 ; — productions : vins, carrières de marbre.

Bellenaves est dans un territoire fertile et dans une fort belle situation ; il y eut jadis un monastère de Bénédictins, qui fut, plus tard, réduit à un simple prieuré. Le château est un mélange de constructions gothiques et modernes, mais disposées de manière à faire une charmante habitation ; les parties les plus anciennes datent du xve siècle. Le manoir alors se composait d'un corps de logis défendu par quatre tours rondes et un donjon carré à créneaux. Au xiiie siècle, Bellenaves appartenait à Christophe-le-Loup, il est passé depuis à divers grands personnages, parmi lesquels on remarque le marquis de Clairembaut, Anne de Montmorency, la duchesse d'Antin, en faveur de laquelle cette seigneurie fut érigée en marquisat ; enfin, le duc d'Usès, qui en fit la cession à la famille du Tour, qui, à ce que nous croyons, en est encore en possession.

L'église, du style bizantin ou roman, a été restaurée au xive siècle ; sur le portail, on trouve un bas-relief du temps d'un fort beau travail, mais très mutilé ; il représente N. S. et les apôtres. Près de Bellenaves sont d'épaisses et sombres forêts dont l'aspect contraste vivement avec les côteaux couverts de vignes et les champs cultivés qui entourent Bellenaves. A un myriamètre deux kilomètres de Gannat.

Commune de Chirat-l'Eglise. — Etendue, 1,831 hectares ; — population, 513 habitants ; — maisons, 101 ; — productions : céréales. A deux myriamètres quatre kilomètres de Gannat.

CHATEAU DE CHATELARD
(Canton d'Ebreuil.)

Commune de Chouvigny. — Etendue, 1,338 hectares ; — population, 993 habitants ; — maisons, 217. A un myriamètre six kilomètres de Gannat.

Commune de Coutansouze. — Etendue, 1,341 hectares ; — population, 540 habitants ; — maisons, 127. A deux myriamètres de Gannat.

Commune d'Echassières-Bauvoir. — Etendue, 2,302 hectares ; — population, 890 habitants ; — maisons, 189 ; — productions : bois, carrière de kaolin, matière essentielle pour la porcelaine, fruits, etc.

Le bourg d'Echassières est situé sur la croupe dénudée et aride d'un côteau, et ses maisons s'éparpillent jusqu'au pied dans une vallée plantée de noyers et d'arbres fruitiers. Le château de Beauvoir est situé sur un des points les plus élevés du département de l'Allier et domine une grande étendue de pays ; avant qu'il fût démantelé, on le citait comme un modèle d'architecture militaire ; l'étendue de ses bâtiments, la dimention et l'élévation de ses nombreuses tours lui donnaient un aspect très imposant ; l'entrée était, vers le midi, défendue par des tours, un pont-levis et de larges fossés ; dans la cour, une belle fontaine dont le bassin était rempli par la figure d'un lion qui jetait l'eau par la gueule. A la révolution de 93, on trouva dans la salle d'armes de ce château, des canons, des armes et des armures de tous genres.

Malgré les dégradations qu'il a éprouvées, le château de Bauvoir est encore fort curieux ; en 1530 il appartenait à Blain-le-Loup, seigneur de Veauce, il est passé ensuite au seigneur d'Allègre, à M. de Langonnet et enfin à M. de Tilly.

Echassières est à trois myriamètres de Gannat.

Commune de Lalizolle. — Etendue, 2,354 hectares ; — population, 820 habitants ; — maisons, 214 ; — productions : bois, sabots, etc. A un myriamètre six kilomètres de Gannat.

Commune de Louroux-de-Bouble. — Etendue, 1,663 hectares ; — population, 728 habitants; maisons, 166. A deux myriamètres quatre kilomètres de Gannat.

Commune de Nades. — Etendue, 808 hectares ; — population, 877 habitants ; — maisons, 239 ; — industrie, plâtre, etc. Il y avait là un château qui présentait une enceinte carrée, des tours à créneaux, etc., qui est aujourd'hui considérablement endommagé ; il appartenait, en 1449, à Marie de Chauvigni ; en 1550 à Françoise de Montmorin ; depuis, à Jean de Lafayette, en 1603, qui le vendit à M. Lenoir, fermier général. A deux myriamètres de Gannat.

Commune de Naves. — Etendue, 808 hectares ; — population, 877 habitants ; — maisons, 239 ; — industrie, plâtre. Ruine d'une forteresse sur laquelle nous n'avons aucuns détails. On prétend, cependant, qu'elle aurait appartenue à Jacques Cœur. A un myriamètre deux kilomètres de Gannat.

Commune de Sussat. — Etendue, 795 hectares ; — population, 451 habitants ; — maisons, 125. A un myriamètre deux kilomètres de Gannat.

Commune de Valignat. — Etendue, 232 hectares ; — population, 259 habitants ; — maisons, 84. A un myriamètre deux kilomètres de Gannat.

Commune de Veauce. — Etendue, 357 hectares ; — population, 218 habitants ; — maisons, 47 ; — industrie, tissage, tuilerie.

Très petit village qui tire toute son importance d'un très beau château bâti sur un rocher isolé et très élevé, à l'extrémité d'une gorge d'où sort une petite rivière qu'on appelle la Veauce, et qui a donné son nom à la commune. L'irrégularité

CHATEAU DE S.T QUINTIN
(Vue Ouest)

de ses constructions, ses tours, les deux belles terrasses qui lui servent de base lui donnent un aspect des plus pittoresques ; ce château se composait d'une enceinte polygonale, reliée par une galerie crénelée avec plusieurs tours, dont la principale servait de donjon, et une double porte à pont-levis, herse, machicoulis, etc., à laquelle on n'arrivait que par un chemin très escarpé ; la grande terrasse, au-devant du logis principal, a coûté, dit-on, des sommes énormes à une dame Blain-le-Loup, alors propriétaire, et on ajoute, comme anecdote, que le fils de cette dame, jeune étourdi, voulant faire caracoler un cheval fougueux sur cette terrasse qui n'était point achevée, se précipita, lui et le cheval, dans les fossés hérissés de rochers, ce qui coûta la vie à l'homme et au cheval.

Ce beau manoir féodal appartenait, en 1381, à Jeannot de Bessolles ; depuis, aux Blain-le-Loup, aux de Blot, puis aux Cadier de Veauce. Il fut longtemps en un état de ruine et de délabrement déplorable ; mais le propriétaire vient de le faire restaurer complètement et meubler et agencer avec une sorte de somptuosité qui a, dit-on, exigé des sommes considérables. On y trouve, entre autres choses, une belle galerie remplie d'objets d'art et de curiosité.

L'église, de style roman, est conservée presque dans son entière intégrité ; c'était autrefois le siége d'un chapitre, dont les curés des environs étaient chanoines. On y voyait, avant la révolution de 89, un beau mausolée qu'on pense avoir été celui de Jeannot de Bessolles. A un myriamètre quatre kilomètres de Gannat.

Commune de Vernusse. — Etendue, 1,956 hectares ; — population, 702 habitants ; — maisons, 160.

Très petite commune qui a quelque célébrité à cause d'une statue miraculeuse de la sainte Vierge, qui, suivant une tradition fort accréditée dans le pays, serait descendue du ciel directement, et aurait choisi pour son tabernacle un tronc d'arbre, au feuillage épais; les troupeaux de bestiaux qu approchaient de cet arbre s'agenouillaient d'eux-mêmes devant la figure sacrée et en recevaient de favorables influences ; le curé de l'endroit pensa que cette sainte Vierge serait bien mieux placée dans son église, et un jour l'y fit transporter en grande pompe; mais, dès le lendemain, à l'aube du jour, la sainte figure était retournée dans son asile champêtre, ce qui s'étant renouvelé trois fois de suite, on céda à cette volonté si miraculeusement exprimée ; mais l'arbre, déjà si vieux, périt bientôt; alors, la piété des habitants bâtit à sa place une petite chapelle, qui, maintenant, elle aussi, tombe de vétusté. Cependant, la vierge est encore l'objet de la vénération des fidèles et leur protectrice adorée. A deux myriamètres quatre kilomètres de Gannat.

Commune de Vicq. — Etendue, 1,325 hectares; — population, 1,281 habitants; — maisons, 326; — productions: blé, vin, huile de noix.

Petit village dont l'église présente plusieurs parties fort anciennes, principalement l'abside et le portail anciennement orné de fresques; quelques chapiteaux et l'autel sont remarquables; enfin, l'édifice est surmonté d'un clocher ogival du xiiie siècle qui domine toute la vallée. On y trouve aussi quelques restes d'un château, appelé *la Mothe*, défendu par des tours et des fossés pleins d'eau. A un myriamètre deux kilomètres de Gannat.

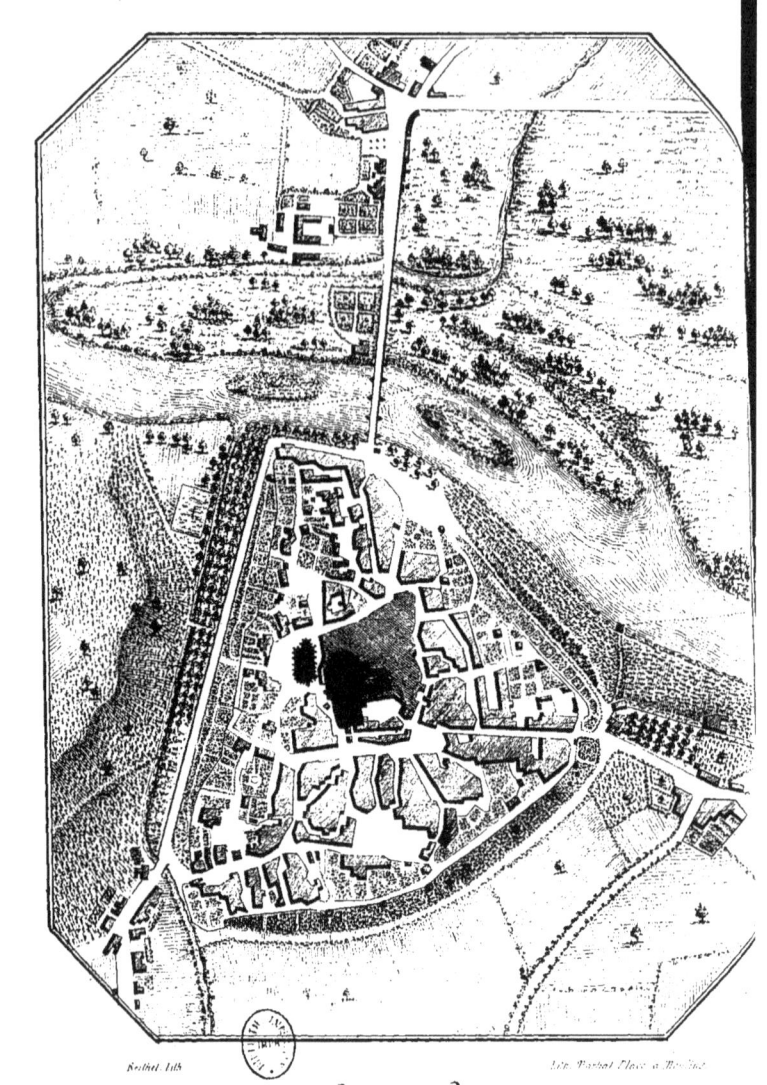

Ancien Plan de St Pourçain

CANTON DE S^T-POURÇAIN.

Son étendue est de 18,756 hectares; il est divisé en douze communes, savoir : Saint-Pourçain, Bayet, Branssat, Cesset, Lafeline, Loriges, Louchy, Marcenat, Montord, Paray-sous-Briaille, Saulcet et Verneuil, dont la population totale est de 12,672 habitants; il est arrosé par la rivière de la Sioule qui est très poissonneuse et fait mouvoir plusieurs moulins, par la Bouble et l'Ouzenan, petites rivières qui se jettent dans la Sioule. Le bassin de la Limagne commence dans la partie de ce canton qui avoisine Gannat. Ce canton est traversé par les routes nationales, n° 9, de Paris à Perpignan, n° 146, de Limoges à Varennes, et par la route départementale, n° 3, de Montmarault à Gannat ; la terre en général y est forte et profonde sur un sol argileux. Les productions sont : le froment, l'orge, le chanvre, le seigle et l'avoine; les produits de la vigne sont estimés, le commerce consiste en exportations.

Commune de Saint-Pourçain. — Etendue, 3,518 hectares; — population, 4,636 habitants ; — maisons, 961 ; — chef-lieu du canton de Saint-Pourçain, jolie ville, située sur la rive gauche de la Sioule dans une riante et fertile vallée entourée de riches côteaux. Les principales productions sont : le blé, les noix, le chanvre, les vins qui sont très renommés, et surtout autrefois, puisque, sous le règne de Henri IV, on les trouve énumérés dans les *comptes d'ostel*, et ils ne devaient être introduits dans Paris que pour le service de la table du roi. Le commerce y est fort considérable, la halle au blé est une des plus importantes du département, les marchés et les foires y attirent beaucoup de monde, surtout celle de Saint-Julien, à la fin du mois d'août, où le public est attiré par des spectacles et des bals qui durent plusieurs jours.

Saint-Pourçain possède un bureau de poste aux lettres, une poste aux chevaux, une prison, un hospice de vingt-quatre à trente lits, desservi par des sœurs de la Charité, une brigade de gendarmerie, un bureau de bienfaisance et plusieurs écoles.

La ville de Saint-Pourçain a une origine très ancienne, elle remontrait au moins au vi° siècle, et elle devrait son nom et son existence à saint Portianne, qui fonda un couvent en ce lieu, lieu qui devint bientôt célèbre par les vertus et les miracles du saint, qui sut alors préserver tout le canton des dévastations de Thierry, roi d'Austrasie.

La ville faisait autrefois partie des treize bonnes villes de la Basse-Auvergne, quoiqu'elle fût enclavée dans le Bourbonnais, et on y retrouve encore en grande partie des traces du costume, de la langue et des types de figures d'Auvergne ; elle était convoquée aux Etats et faisait partie du gouvernement militaire de cette province.

La ville de Saint-Pourçain prit une part active à toutes les guerres dont les désastres se sont étendus jusque dans le centre de la France ; et dès le xiv° siècle elle eut à soutenir des luttes vives et sanglantes contre les seigneurs de Monphand, de Chenillat et de Montigny, qui étaient jaloux des priviléges de la ville. A la même époque, les Anglais l'attaquèrent ; mais ils furent obligés d'en lever le siége, après avoir brûlé les faubourgs. Pendant les guerres de la Praguerie, elle tomba au pouvoir du dauphin.

Charles VII était à Aigueperse et avait placé de bonnes garnisons à Ebreuil, Escurolles et Charroux ; quand le dauphin vit les troupes du roi si près de la place, il ne jugea pas qu'elle pût soutenir le siége et il l'abandonna. En 1455, Charlotte de Savoye, seconde femme de Louis XI, arriva à Saint-Pourçain, accompagnée du connétable de Richemond, du duc de Savoye, son père, et de sa sœur ; Charles VII vint les y recevoir, et cette princesse séjourna tout l'hiver dans la ville.

Pendant les guerres de la Ligue, Saint-Pourçain fut du petit nombre des places qui tinrent pour le roi. Un fameux ligueur, du nom de Michelet, s'étant opposé à ce qu'on ouvrît les portes de la ville au sieur de Tavannes qui venait avec des troupes prendre possession de la place, fut pendu par ordre de ce seigneur, à la porte de sa maison, à un crochet de fer, que l'on montrait encore vers ces derniers temps dans la rue Saint-Nicolas. Cependant, la ville oublia bientôt la justice expéditive du sieur de Tavannes, et, en 1587, elle ouvrit ses portes aux ligueurs ; trois ans après, elle se déclara pour le roi, puis bientôt assiégée et prise par le duc de Nemours. Le duc d'Aumont la força peu après de rentrer sous l'autorité royale. Aussi, c'est pendant les troubles de la ligue que cette ville a eu le plus à souffrir, tout le pays étant occupé par des troupes qui se livraient de sanglants combats. Un jour, n'ayant plus de munitions, les habitants élurent quatre échevins pour aller chercher à Riom six livres de poudre, et les envoyés mirent huit jours à faire ce voyage. Saint-Pourçain n'eut pas seulement à souffrir des désastres de la guerre, mais encore une peste cruelle y exerça de terribles ravages dans les années de 1583 à 1585, et d'autant plus terribles, que les luttes religieuses n'en continuaient pas avec moins d'acharnement.

Aux xii⁰ et xiii⁰ siècles, les Templiers avaient un établissement à Saint-Pourçain.

En 1346, Louis-le-Hutin y fonda un atelier monétaire, qui, par un édit de François Iᵉʳ, fut transféré à Montferrand (1).

La ville de Saint-Pourçain, en récompense de la loyauté et du courage de ses habitants, fut, en 1390, exemptée de toute

---

(1) Il existe à la bibliothèque nationale, cabinet des médailles, plusieurs pièces de monnaies, frappées au coin de Saint-Pourçain.

imposition, et, par lettres-patentes de Louis XI, datée de 1480, elle obtint le privilége de consulat et le droit de maison commune, et, en 1467, elle envoyait trois députés aux Etats-Généraux tenus à Tours.

Saint-Pourçain a renfermé, dans son enceinte, plusieurs couvents, entre autres, un de cordeliers et un de bénédictins, et des manoirs habités par les sires de Bourbon et divers riches personnages ; édifices dont la structure, de divers siècles, seraient, aujourd'hui, pour les archéologues, un objet d'étude intéressant ; mais c'est à peine si l'on en trouve encore quelques légers fragments ; il en est de même des fortifications qui ont été détruites et les fossés comblés pour en faire des promenades.

L'église du monastère, fondé par saint Portianne, est aujourd'hui paroisse et mérite seule de fixer l'attention. Les portions les plus anciennes de cette église ne remontent pas, probablement, au-delà du XIIe siècle, et ne font, par conséquent, pas partie du monument primitif ; l'abside est remarquable, les fenêtres à plein cintre sont ornées de colonnettes fasciculées de boudins, de raies, de cœurs, etc.

Le portail méridional offre un appareil en losanges et se rattache à un ancien cloître du XVe siècle, dont il ne reste plus que quatre arcades.

Le portail oriental était décoré d'un bas-relief et d'une inscription qu'on a mutilée ; la porte septentrionale n'a pas été plus ménagée, et cela est d'autant plus fâcheux, que c'était la plus belle : elle était de style ogival et dans le goût des portes latérales de l'église de Chartres ; parmi les statues qui les décoraient, on en remarquait une à figure de femme avec un pied d'oie, appelées ordinairement *reines pédanques*, et sur lesquelles, depuis Mabillon, on a tant écrit sans les expliquer d'une manière satisfaisante.

L'intérieur de l'église est presqu'en entier dans le système ogival, quelques fragments de murs seulement sont de constructions byzantines. Parmi les objets curieux que cette église renferme, on cite un bénitier creusé dans une colonne de marbre que l'on croit antique, quelques figurines en bois et en marbre, et surtout un *ecce homo* qui a une célébrité contestée ; il est de la Renaissance, et, selon quelques-uns, d'un aspect hideux et barbare, mais curieux par l'exécution, surtout par celle d'une corde dont les contours et les nœuds multipliés sont d'un travail difficile.

L'artiste, dit-on, fier de son ouvrage, travaillait secrètement dans sa cave, rêvant, sans doute, la gloire, mais la mort le surprit à l'œuvre qui resta longtemps ignorée, et qu'on ne découvrit que plus tard, sans que rien ait révélé le nom de son auteur.

C'est à Saint-Pourçain qu'est né, en 1532, Blaise de Vigenaire, secrétaire du duc de Nevers, et, depuis, du roi Henri III, savant traducteur et auteur d'un grand nombre d'ouvrages peu connus aujourd'hui, mais dont le père Nicéron a donné le catalogue dans ses *Mémoires des hommes illustres de la République des lettres*. Tomes XVI et XX.

Saint-Pourçain est à trois myriamètres deux kilomètres de Gannat.

Commune de Bayet. — Etendue, 2,265 hectares ; — population, 1,079 habitants ; — maisons, 210. Cette commune possède trois moulins à eau, elle est à un myriamètre six kilomètres de Gannat.

Commune de Branssat. — Etendue, 1,509 hectares ; — population, 1,195 habitants ; — maisons, 301. Village situé dans une vallée entre des collines hérissées de rochers ; elle possède deux fours à chaux et deux moulins à eau. A deux myriamètres quatre kilomètres de Gannat.

Commune de Cesset. — Etendue, 1,167 hectares ; — population, 631 habitants; — maisons, 172. A deux myriamètres de Gannat.

Commune de Lafeline. — Etendue, 2,258 hectares; — pupulation, 631 habitants; — maisons, 95. On y voit une petite église romane avec un clocher en flèche assez élevé, qui passe pour le plus élégant et le mieux construit de tout ceux du département; les habitants en sont très curieux et ont grand soin de son entretien. Il y avait à Lafeline, autrefois, un monastère de bénédictins, dépendant du prieuré de Saint-Pourçain, et qui était fortifié; mais il fut presqu'entièrement incendié vers la fin du xvie siècle. La commune de Lafeline est à trois myriamètres deux kilomètres de Gannat.

Commune de Loriges. — Etendue, 894 hectares; — population, 417 habitants; — maisons, 85. Village à deux myriamètres de Gannat.

Commune de Louchy. — Etendue, 515 hectares; — population, 686 habitants; — maisons, 157. Les ducs de Bourbon y avaient un vaste pressoir. Ce village et celui de Monphand, auquel il est réuni, sont situés au milieu de beaux vignobles. Il y avait à Monphand un château fortifié, un des plus redoutables de la contrée; il était élevé sur une colline couverte de forêts et dominait toute la contrée; tout a été à peu près rasé et démoli sauf les bâtiments d'habitation, mais qui ont subi de grandes modifications. A deux myriamètres quatre kilomètres de Gannat.

Commune de Marcenat. — Etendue, 1,806 hectares; — population, 601 habitants; — maisons, 110. A trois myriamètres de Gannat.

Commune de Montord. — Etendue, 446 hectares; — popu-

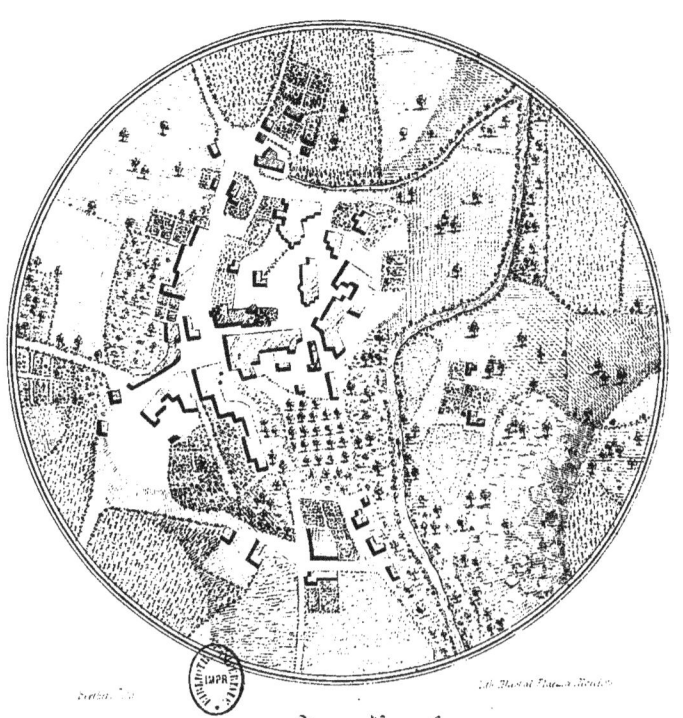

Ancien Plan de Verneuil.

lation, 342 habitants; — maisons, 76. A deux myriamètres de Gannat.

Commune de Paray-sous-Briaille. — Etendue, 2,217 hectares; — population, 871 habitants; — maisons, 171. A deux myriamètres quatre kilomètres de Gannat.

Commune de Saulcet. — Etendue, 793 hectares; — population, 1,055 habitants; — maisons, 204. On y trouve deux fours à chaux, et, près delà, des carrières fournissent une pierre qui fait d'excellente chaux. A deux myriamètres huit kilomètres de Gannat.

Commune de Verneuil. — Etendue, 1,355 hectares; — population, 712 habitants; — maisons, 165.

Village très agréablement situé sur le penchant d'un côteau et tout environné de verdure, au pied duquel coule le petit ruisseau d'Ouzenan, qui, par les pluies d'orages, grossit et devient un torrent.

Verneuil, une des dix-sept châtellenies du Bourbonnais, était une ville close et était défendue par un fort château de forme régulière, flanqué de quatre grosses tours carrées, le tout bâti en belles et larges pierres d'appareil; il fut ruiné, ainsi que la ville, dans les guerres dites *du Bien public*, et il n'en reste presque plus de traces.

Il y avait, à Verneuil, un chapitre très riche, fondé par Archambaud VIII, qui se composait de soixante chanoines régis par un doyen.

La belle Agnès Sorel ou Soreau était sœur de Jean Soreau, châtelain de Verneuil, et originaire du Bourbonnais. En souvenir des lieux où elle avait passée son enfance, elle voulut qu'après sa mort (arrivée à son manoir de Juminge en Normandie), elle voulut que son cœur fût déposé dans l'église du chapitre de Verneuil, à laquelle elle donna trois mille écus d'or (environ soixante-quinze mille francs de notre monnaie), et, de plus, une bannière fort riche, qui, sans respect pour sa noble origine, a été brûlée en 1825.

L'église des chanoines, de style roman de transition, n'a rien de remarquable; celle de la paroisse, d'un roman plus ancien, est fort petite, n'offre de curieux que quelques fraguements de peintures fort grossières sur les murs intérieurs.

Verneuil possède, chose assez rare dans les petites localités, une biliothèque communale.

Nous avons vu que Verneuil était la patrie d'Agnès Sorel et de sa famille; c'est aussi là qu'est né Jean Benoist, docteur en théologie, mort à Paris en 1573, et qui a écrit des commentaires sur la Bible.

Verneuil est à trois myriamètres de Gannat.

ÉGLISE DE VERNEUIL.

ARRONDISSEMENT

DE LAPALISSE.

ARRONDISSEMENT

DE LAPALISSE.

L'arrondissement de Lapalisse est situé vers l'Est du département; il est borné à l'Ouest par les arrondissements de Gannat et de Moulins, au Nord et à l'Est par le département de Saône-et-Loire, et au Sud par le département du Puy-de-Dôme.

Son étendue ou sa superficie est d'environ 158,900 hectares.

Le sol est très montagneux dans une grande partie du territoire, et il est traversé par une des ramifications de la chaîne des montagnes du Forez, dont les points culminants sont les sommets de la *Madelaine* et du *Montoncel*, qui sont à peu près à 1,560 mètres au-dessus du niveau de la mer ; cette partie montagneuse est très pittoresque, et présente des aspects analogues à ceux qu'on rencontre dans les Alpes : on la nomme aussi en quelques endroits, à cause de sa fraîcheur et de la variété de ses sites, *la petite Suisse*.

Dans les vallées et dans le pays plat, le sol est argilo-calcaire et fort riche, quelquefois sablonneux et pauvre; dans la partie de montagne, au contraire, le sol est siliceux et repose presque partout sur des roches granitiques.

On trouve dans cet arrondissement des mines de houille, de fer et de plomb, et des carrières d'ardoises et de marbre.

L'arrondissement de Lapalisse est divisé en six cantons : de Lapalisse, de Cusset, du Donjon, de Jaligny, du Mayet et de Varennes ; il a soixante-quatorze communes, dont la population totale est d'à peu près 73,620 habitants.

Il est arrosé par un assez grand nombre de petites rivières, dont les principales sont : le Sichon et la Bèbre qui deviennent souvent des torrents impétueux ; enfin, il est traversé par trois routes principales, l'une nationale, celle de Paris à Lyon par Moulins, et deux routes départementales.

Les productions sont, outre des fourrages abondants, le froment, l'orge, le chanvre, les noix, l'avoine et le sarrasin; les bois y sont aussi très considérables et ils couvrent environ 15,000 hectares de la superficie.

La population est en générale laborieuse et se livre à l'agriculture et à l'industrie.

On fabrique beaucoup de sabots et d'ustensiles de ménage en bois, productions qui sont exportées au loin : on y trouve des filatures, des papeteries, et on y fait commerce de bestiaux, de bois, de merrains, de grains et de vin.

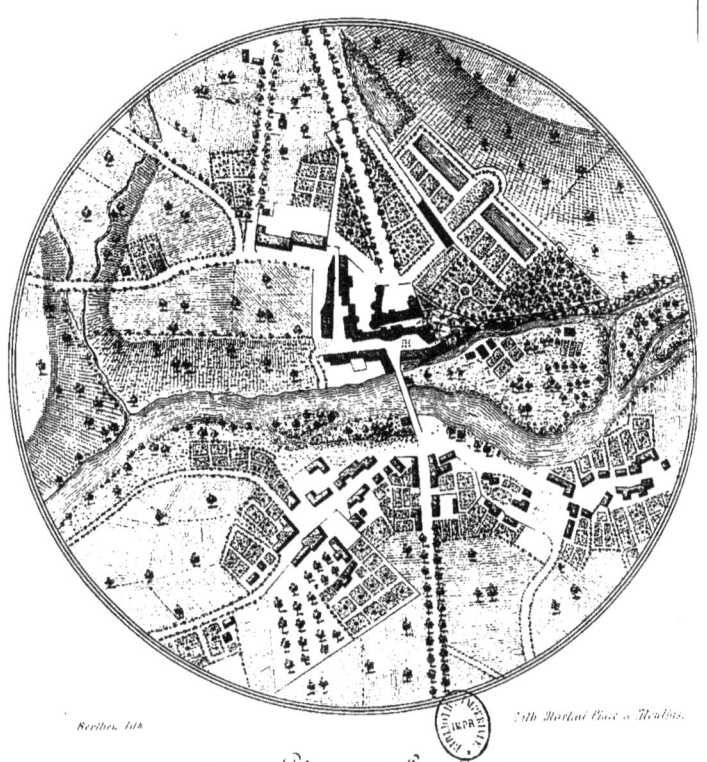

Ancien Plan de Lapalisse

CANTON DE LAPALISSE.

Etendue 27,764 hectares, — divisé en quinze communes, savoir : Lapalisse, Andelaroche, Arfeuilles, Barrais-Bussolles, Billezois, Breuil, Chatelus, Droiturier, Isserpent, Périgny, Saint-Christophe, Saint-Etienne-de-Vicq, Saint-Pierre-Laval, Saint-Prix et Servilli ; — population totale, 14,880 habitants ; — maisons, 3,548.

Nature du terrain : siliceux, roche granitique, abonde en pâturages, et produit beaucoup de fourrages et de grains.

Lapalisse, petite ville, chef-lieu de l'arrondissement et du canton qui portent son nom. Elle est située dans un vallon fertile et agréable, environnée de montagnes et arrosée par la rivière de Bèbre. Son étendue territoriale est de 3,260 hectares, elle contient 517 maisons et 2,377 habitants.

On y fabrique des toiles, des bottes et des souliers de pacotille; on y vend des grains et de la farine, deux moulins placés sur la Bèbre qui ne manque jamais d'eau, peuvent moudre à ce qu'on assure de 5 à 600 kilogrammes de grains par jour ; le chanvre aussi y fournit une branche de commerce fort importante, enfin les foires et les marchés, mardi et jeudi, y sont fort considérables et y attirent une grande affluence de monde.

Cette ville avait jadis une juridiction seigneuriale qui s'étendait sur plusieurs paroisses.

Les ruines de l'ancien château des sires de La Palice méritent d'être visitées, et sont le seul monument remarquable qu'offre la ville.

Ce château s'élève en amphithéâtre et domine la ville; toutes les constructions qui lui donnaient une apparence de forteresse ont été détruites, la façade principale est du xv⁰ et xvɪᵉ siècle, et les fenêtres sont ornées de chambranles élégamment profilées et de petites figures en encorbellement qui soutiennent des écussons aux armes des La Palice et des Guiche ; une autre façade moins importante donne sur le parc planté de beaux arbres, mais qui a beaucoup perdu de son étendue et de sa disposition primitive.

L'intérieur présente encore diverses grandes salles avec riches plafonds, l'un de ces plafonds surtout, divisé en compartiments avec de riches moulures et des pendentifs, est comparable dans son ensemble au magnifique plafond de la galerie de Diane à Fontainebleau ; dans d'autres appartements les poutres et les solives sont ornées d'arabesques légères aux éclatantes couleurs, et naguères encore on y trouvait çà et là quelques portraits d'une belle exécution, représentant divers personnages de la maison de Chabannes. Il est probable que le château actuel, qui ne date guère que de l'époque de la Renaissance, a succédé à un ancien castel fortifié, dont l'origine n'est point connue ; mais qui, selon toute apparence, était antérieur au xɪɪɪᵉ siècle.

Tout près, vers le midi, s'élève encore une petite chapelle de la dernière période du style ogival, construite avec élégance et qui renfermait de magnifiques tombeaux de marbre, légèrement mutilés dans la révolution de 93, mais que l'incurie et le dédain des propriétaires actuels ont laissé détruire entièrement, sans respect pour la mémoire des personnages illustres dont ils renfermaient les cendres ; les fragments en ont été dispersés au loin, et le musée d'Avignon possède trois bas-reliefs de marbre blanc, qui proviennent d'un de ces mausolées (celui du maréchal La Palice.)

L'histoire de la ville de Lapalisse ne nous offre aucun fait mémorable qui mérite particulièrement d'être relaté ici, mais cette ville tire son plus grand lustre de l'illustre famille de

Chabannes, dont les titres remontent jusqu'au xie siècle. Elle était originaire du Bigorre, mais, en 1429, elle acheta la châtellenie de La Palice pour 6,000 écus d'or, et vint se fixer en Bourbonnais.

Cette famille de Chabannes, suivant quelques généalogistes, descendait des comtes de Bigorre, cadets de la maison royale de Navarre, ou, suivant d'autres, descendait des anciens comtes d'Angoulême : les rois de France la regardèrent toujours comme une alliée de leur maison, et Louis XI avait coutume de traiter de cousin Antoine de Chabannes, alors grand-maître de France.

Celui qui fit l'acquisition de la terre de La Palice, fut messire Jacques de Chabannes, qui fut grand-maître d'hôtel de France, sénéchal et maréchal de Bourbonnais et de Toulouse, et fut un valeureux guerrier ; il commandait l'avant-garde, sous les ordres de Jeanne d'Arc, lors de la levée du siège d'Orléans, et mourut au combat de Châtillon, après avoir tué le célèbre Talbot, en 1453. Plusieurs de ses successeurs ne se rendirent pas moins célèbres : nous citerons ici les principaux :

Antoine de Chabannes, gouverneur de la province de l'Ile-de-France, confident de Louis XI, mort les armes à la main, à la bataille de Pavie, en 1525.

Jean de Chabannes, seigneur de Vendenesse, surnommé le *Petit-Lion*, mort de blessures, en 1524.

Jacques II de Chabannes, le plus illustre de tous, émule de Bayard, gouverneur et lieutenant-général pour le roi, en Bourbonnais, Auvergne, Forez, Beaujolais, Dombas et Lyonnais, maréchal de France, capitaine de 500 hommes d'armes, grand-maître de France, gouverneur de Milan, etc., ne cessa, dans une foule d'affaires glorieuses et dans un grand nombre de circonstances mémorables, de rendre pendant plus de trente années les plus éminents services aux rois de France. Mort à la bataille de Pavie, en 1525, son corps fut rapporté au château de La Palice, où on lui fit de magnifiques funérailles et on lui éleva un des deux mausolées dont nous avons parlé ci-dessus.

Dans ces derniers temps, deux rejetons de cette famille ont aussi acquis quelque célébrité; l'un, J.-B. de Chabannes, pair de France, écrivain politique, auteur, entre autres ouvrages, de celui intitulé : *Deux mots de vérité aux Français*, mort en 1833 ;

L'autre, de Chabannes La Palice, frère du précédent, a fait avec distinction les guerres de l'empire et notamment la campagne de Russie, et a été fait maréchal-de-camp.

La famille de la Guiche Saint-Gérand, a possédé aussi et habité le château de La Palice, à la fin du xvie siècle et au commencement du xviie; elle fut une des plus puissantes et des plus recommandables du Bourbonnais.

Jean-François de la Guiche, fut gouverneur du Bourbonnais, grand-maître de l'artillerie sous Henri IV. En 1615, capitaine-lieutenant de gendarmes de la garde; en 1609, maréchal de France et commandant les armées du roi aux siéges de Clairac, de Montauban, de Saint-Antonin et de Montpellier; il mourut au château de La Palice, en 1632, où on lui fit de magnifiques funérailles.

Maximilien de la Guiche, son fils, fut aussi gouverneur du Bourbonnais et y laissa les plus honorables souvenirs. Enfin, Bernard de la Guiche fut lieutenant-général, chevalier des ordres du roi et ambassadeur de France auprès des cours de Florence, de Londres et de Brandebourg. Il mourut en 1666, et en lui s'est éteint la famille.

La ville de Lapalisse est à cinq myriamètres quatre kilomètres de Moulins.

Andelaroche : étendue, 2,027 hectares 22 ares; — population, — 518 habitants; — maisons, 135 ; — c'est dans ce village qu'habite le sieur Join, inventeur d'un moyen de destruction de la fougère sans labour ni défoncement, — à un myriamètre quatre kilomètres de Lapalisse.

Arfeuilles. — Étendue, 5,954 hectares 12 ares; — population, 3,259.

Bourg sur la petite rivière de Barbenant, commune très commerçante et industrielle qui augmente chaque jour en importance; on y trouve deux carderies de laine, deux filatures et deux teintureries très achalandées; des pressoirs à huile, des moulins à foulon, des mailleries et plusieurs moulins à farine; on y fabrique des couvertures de laine, des serges, etc. Le territoire produit du blé, de l'avoine, des pommes de terres, des châtaignes, etc., et on y élève des bestiaux; il y a un marché le mercredi.

Cette commune renferme plusieurs curiosités naturelles, entre autres une belle cascade, produite par la rivière de Barbenant; l'eau y tombe avec fracas, d'une hauteur d'environ sept mètres, dans un gouffre profond dominé par un rocher à pic très élevé, et ombragé d'arbres touffus; le bruit de la cascade s'entend à deux kilomètres au loin.

A quelque distance, on aperçoit les ruines du château de Montmorillon, bâti vers le XVe ou XVIe siècle; on y retrouve encore la porte d'entrée, le pont-levis et les armes seigneuriales.

Georges Ducoin, poëte critique et moraliste, est né à Arfeuilles en 1815.

Antoine Fayet, professeur de réthorique au séminaire d'Iseure, auteur d'une réfutation des doctrines de Strauss et d'une biographie de M. de Genoude, est aussi né à Arfeuilles en 1815.

La commune d'Arfeuilles est à un myriamètre quatre kilomètres de Lapalisse.

Barrais-Bussolles, village. — Étendue, 1,741 hectares 51 ares; — population, 761 habitants; — maisons, 176. A huit kilomètres de Lapalisse.

Billezois, village. — Étendue, 1,569 hectares 51 ares; —

population, 562 habitants; — maisons, 131. A un myriamètre de Lapalisse.

Breuil, village. — Étendue, 3,192 hectares 40 ares; — population, 1,233 habitants; — maisons, 260. — Il y avait un ancien château qui n'est plus aujourd'hui qu'un médiocre domaine; il y a quinze à vingt ans on y voyait encore quelques vestiges de murailles baignées par les eaux d'un vaste étang, aujourd'hui desséché et transformé en prairie et en champ cultivé. A huit kilomètres de Lapalisse.

Châtelus, village. — Étendue, 664 hectares 41 ares; — population, 348 habitants; — maisons, 75. A un myriamètre de Lapalisse.

Droiturier, village. — Étendue, 2,203 hectares 7 ares; — population, 870 habitants; — maisons, 214. — On y remarque le beau pont appelé le pont de la Vallée; on y trouve de nombreuses carrières à moëllons. — Il y a un fort marché au fil. A un myriamètre de Lapalisse.

Isserpent, village. — Étendue, 2,630 hectares 48 ares; — population, 896 habitants; — maisons, 188. — Le territoire est assez fertile et renferme une mine de fer (non exploitée) et une mine de cuivre qui produit 38 p. 0]0. Il est traversé par plusieurs routes de grande vicinalité. A un myriamètre de Lapalisse.

Périgny, village. — Étendue, 2,722 hectares 42 ares; — population, 664 habitants; — maisons, 130. A cinq kilomètres et demi de Lapalisse.

Saint-Christophe, village. — Étendue, 2,801 hectares 92 ares; — population, 692 habitants; — maisons, 132. A un myriamètre six kilomètres de Lapalisse.

PÉRIGNY.
(Canton de Lapalisse.)

Saint-Etienne-de-Vicq, village. — Étendue, 1,921 hectares 70 ares; — population, 676 habitants; — maisons, 151. A un myriamètre deux kilomètres de Lapalisse.

Saint-Pierre-Laval, village. — Étendue, 2,402 hectares 82 ares; — population, 1,000 habitants; — maisons, 235. A un myriamètre six kilomètres de Lapalisse.

Saint-Prix, village. — Étendué, 2,171 hectares 77 ares; — population, 956 habitants; — maisons, 188. — Il est situé sur le confluent des rivières de Barbenant et de la Bêbre. A deux kilomètres de Lapalisse.

Servilly, village. — Étendue, 1,231 hectares 2 ares; — population, 600 habitants; — maisons, 139. — On y fait le commerce de bois en gros; on y voit une petite église assez curieuse dont l'abside est à pans et le pignon de la façade surmonté d'une élégante campanille à plein cintre. A six kilomètres de Lapalisse.

CANTON DE CUSSET.

Étendue, 18,867 hectares 76 ares, divisé en douze communes : Cusset, Abret, Bost, Busset, Creuzier-le-Neuf, Creuzier-le-Vieux, Lachapelle, Mariol, Molles, Saint-Yore, Le Vernet et Vichy, dont la population totale est de 15,392 habitants. C'est une des contrées les plus pittoresques du département de l'Allier; le sol, en général argilo-calcaire, est fort riche et fort productif. Les habitants actifs et laborieux sont à la fois agricoles et industriels; ils ont conservé des mœurs douces et patriarcales. Nous parlons seulement des habitants des campagnes, dans lesquelles on trouve d'heureux villages, où les familles goûtent une paix aussi sereine que les pasteurs de l'antiquité.

Cusset, une des principales villes du département de l'Allier après Moulins, et dont le territoire, dès l'an 1100, faisait partie de l'apanage des ducs de Bourbon, est située au pied de plusieurs côteaux très élevés et entre deux rivières, le Sichon et le Jolan, dont les rives sont très pittoresques. — Étendue, 3,172 hectares 89 ares; — population, 5,093 habitants; — maisons, 1,198.

Un simple monastère de filles, fondé en 882, et érigé, vers 1236, en abbaye de filles nobles, a donné naissance à la ville actuelle, qui, jusque-là, n'avait été qu'une bourgade. Les droits, les priviléges et les grands biens, dont on avait doté cette abbaye, lui donnèrent une grande importance. Le nombre des habitants et des habitations augmenta rapidement, et bientôt Cusset devint une ville importante. Mais c'est au roi

Louis XI qu'elle doit son plus grand lustre. Par son ordonnance datée de Neuvy-sur-Loire, il dit, *qu'il veut élever et décorer ladite ville qu'il a fait fortifier et remparer tellement qu'elle est en grande défense, et fera ladite ville lesdites fortifications qui sont parfaites, qui sont en grande magnificence, en apparence les plus belles murailles et clostures de ville de tout son royaume.* Et en effet, il traita cette ville avec autant et plus de faveur qu'aucune autre de ses États, elle devint le siége de deux bailliages, et était une des treize bonnes villes du pays d'Auvergne.

Cusset avait une forme carrée, quatre portes, quatre grosses tours, dont une avait, disent les chroniqueurs, trente toises de haut, des murs de vingt pieds d'épaisseur et une disposition intérieure propre à loger un prince et même un roi. Elle avait encore force casemates, des canonnières, de grosses murailles, d'immenses souterrains, de vastes fossés remplis d'eau, etc. Mais il n'existe plus rien aujourd'hui de ces fortifications ; des plantations qui remplacent les fossés et les remparts, embellissent aujourd'hui l'intérieur et l'extérieur de la ville. Quatre faubourgs répondent à ses anciennes portes, enfin, une route magnifique et délicieuse, plantée de beaux arbres et qui suit le cours du Sichon, conduit de Cusset à Vichy, autre ville toute voisine et non moins importante, à cause de ses eaux thermales, dont nous parlerons ci-après. Cette route ou plutôt cette promenade est appelée l'*Avenue de Mesdames,* parce qu'elle fut établie et plantée par l'ordre de Mesdames Adélaïde et Victoire de France, pendant le séjour qu'elles firent à Vichy en 1785.

Non-seulement la ville de Cusset n'offre plus que quelques rares vestiges de ses constructions militaires, mais il en est de même de ses monuments religieux et civils. Les uns ont été complètement détruits, d'autres mutilés ou tellement transformés qu'ils ne présentent plus guère d'intérêt. Cependant, l'artiste, l'antiquaire et les curieux peuvent encore trouver sujet ou à des dessins pittoresques ou à d'utiles observations. On y voit encore plusieurs maisons de structure curieuse de différentes époques, particulièrement de la Renaissance, et qui méritent d'être observées dans leur ensemble et leurs détails. La place du marché offre plusieurs monuments anciens, entre autres, le clocher de l'église Notre-Dame, ancienne église abbatiale, aujourd'hui paroissiale, construction du xie siècle; l'ancien couvent des chanoinesses, dont le cloître est en partie de style roman; enfin, une partie assez notable de la fameuse tour dont nous avons parlé tout à l'heure, et dont l'intérieur, digne d'être, disait-on, la demeure d'un prince, n'est pas trop splendide pour loger aujourd'hui les voleurs et les repris de justice ; on y trouve encore une cheminée fort curieuse.

La ville de Cusset possède un tribunal de première instance, un collége communal, divers pensionnats, une école communale élémentaire, une salle d'asile, une caisse d'épargne, divers établissements d'industrie, usines, filatures, etc; un hospice de trente-six lits desservi par six religieuses de Saint-Vincent de Paul, une salle de spectacle, etc., etc.

Il s'y tient cinq foires dans l'année et deux marchés par semaine, mercredi et samedi, où il se fait des ventes considérables de blé, de bois, de vins, de bestiaux, de comestibles et de marchandises de toute espèce.

Depuis les guerres dites *du Bien public*, la ville de Cusset n'a été le théâtre d'aucun événement important.

C'est à Cusset que naquit, en 1440, Jean Doyat, secrétaire et favori du roi Louis XI, et gouverneur de la haute et basse Auvergne en 1479, célèbre par les crimes dont il fut accusé et les condamnations qu'il subit, à tort ou à raison, puisqu'on prétend, sans preuve bien authentique, qu'il fut réhabilité et qu'il avait été victime de l'inimitié qui existait entre le duc de Bourbon, Jean II, et lui; quoiqu'il en soit, c'est à l'influence que Doyat exerçait sur Louis XI, que la ville de Cusset dut l'importance qu'elle avait acquise sous le règne de ce roi.

La ville de Cusset conserva aussi avec raison le souvenir de Guerin de Champagnat, conseiller au parlement de Paris en 1706, qui avait richement doté l'hospice de sa ville natale et pourrait même en être regardé comme le fondateur.

François-Gabriel-Edme Desbret, colonel d'état-major, chevalier de Légion-d'Honneur, de l'ordre de Saint-Louis et de celui des Deux-Siciles, militaire distingué, est aussi né à Cusset, en 1774, et y est mort en 1843.

Cusset est à deux myriamètres deux kilomètres de Lapalisse.

Abret, village. — Étendue, 990 hectares 16 ares; — population, 906 habitants; — maisons, 289. — Il s'y fait un très grand commerce de fruits. A deux myriamètres quatre kilomètres de Lapalisse.

Bost, village. — Étendue, 947 hectares 92 ares; — population, 347 habitants; — maisons, 86. A un myriamètre quatre kilomètres de Lapalisse.

Busset, village. — Étendue, 3,739 hectares 99 ares; — population, 1,700 habitants; — maisons, 398. — Ce village est remarquable par l'importance du château des anciens seigneurs de Busset, château considérable, dans une des plus belles positions que l'on puisse rencontrer; il domine tout le bassin de l'Allier et les ondulations de la chaîne du Forez, et du haut des terrasses l'on jouit des points de vue les plus magnifiques. Ce château, dans son ensemble, est très pittoresque et présente plusieurs époques de construction. On y retrouve encore la primitive porte d'entrée avec voûte en ogive et des meurtrières, une tour carrée la surmonte; elle contenait autrefois le beffroi. Quelques tours de différentes formes et dimensions sont des vestiges des anciennes parties fortifiées auxquelles se rattachent des portions plus modernes. Dans l'intérieur, il existe encore d'anciens escaliers, des souterrains profonds, des salles du xve siècle, des peintures murales, etc., etc. La chapelle, qui sert aujourd'hui d'église paroissiale, est du plus vieux style roman. Ce château, un des plus beaux monuments de ce genre qui soit dans le département de l'Allier, vient d'être tout récemment réparé et embelli par les soins du propriétaire actuel, un des descendants et successeurs de l'ancienne famille de Busset, alliée depuis à la maison de Bourbon, dont elle porte le nom. La famille actuelle des Bourbon-Busset a eu pour chef, Pierre de Bourbon, petit-fils de Saint-Louis, chambellan et conseiller du roi Louis XII.

On tient à Busset trois foires assez importantes qui furent établies par Louis XII par lettres-patentes données à Lyon en 1500.

Busset est à deux myriamètres six kilomètres de Lapalisse.

Creuzier-le-Neuf, village. — Étendue, 1,088 hectares 93 ares; — population, 833 habitants; — maisons, 219.

C'est dans cette commune que se trouve la belle terre de Charmont qui appartient à Madame de Durfort. A un myriamètre huit kilomètres de Lapalisse.

Creuzier-le-Vieux, village. — Étendue, 1,141 hectares 76 ares; — population, 1,482 habitants; — maisons, 456. Ce village est arrosé par l'Allier et une petite rivière appelée la Garembaud, alimentée par des sources, et qui fait mouvoir trois moulins et une usine à huile. Les vins que produisent ces deux villages sont très renommés. On y a recueilli jadis des antiquités romaines, beaucoup de médailles impériales et des poteries qui ont de l'analogie avec celles qui se fabriquent encore près de là, à Lourdis. A Creuzier-le-Vieux il existe une petite église romane et quelques légers vestiges d'un ancien château. Creuzier-le-Vieux est à deux myriamètres de Lapalisse.

LE VIEUX VICHY.
(Canton de Cusset.)

Lachapelle, village. — Etendue, 2,096 hectares 78 ares ; — population, 932 habitants ; — maisons, 216. — On y trouve une carderie de laine. A deux myriamètres deux kilomètres de Lapalisse.

Mariol, village arrosé par l'Allier. — Etendue, 940 hectares 89 ares ; — population, 658 habitants ; — maisons, 143. A trois myriamètres deux kilomètres de Lapalisse.

Molles. — Etendue, 2,647 hectares 59 ares ; — population, 917 habitants ; — maisons, 184. A deux myriamètres de Lapalisse.

Saint-Yorre, village sur l'Allier avec un port. — Etendue, 587 hectares 76 ares ; — population, 282 habitants ; — maisons, 79. — On y trouve une source d'eau minérale qui n'est point exploitée. A deux myriamètres deux kilomètres de Lapalisse.

Le Vernet, village. — Etendue, 1,807 hectares 33 ares ; — population, 1,150 habitants ; — maisons, 297. — On y trouve quatre belles carrières de pierre de taille et des ruines du vieux château de Crispa. A deux myriamètres deux kilomètres de Lapalisse.

Vichy, ville fort ancienne, mais sur l'origine de laquelle on n'a presqu'aucuns documents. Elle est sur la rive droite de l'Allier et à très peu de distance de la ville de Cusset, dont nous avons parlé ci-dessus. Son étendue actuelle est de 505 hectares, sa population, 1,360 habitants, et ses maisons au nombre de 350 environ.

On présume que, sous les Romains, Vichy était déjà un lieu fort important à cause de ses eaux thermales, et presque tous les géographes ont pensé que cette ville était désignée dans la *Table de Peutinger*, ou tout au moins l'établissement thermal, qui existait alors sous le nom d'*aquæ calidæ*; mais malgré quelques découvertes de vestiges romains faites en cet endroit à différentes époques, il n'est rien resté d'assez important pour nous donner une idée à peu près complète de l'antiquité de Vichy.

L'histoire ne nous instruit pas beaucoup plus sur l'état de Vichy au moyen-âge; on connaît seulement les noms de quelques seigneurs de Vichy dans les XIIe et XIIIe siècles, et qu'au XIIe siècle Vichy était compté au nombre des châtellenies du Bourbonnais; enfin, qu'elle fut, vers le XVe siècle, confisquée sur Guillaume de Vichy, on ne sait pour quelle cause, au profit de la couronne de France, qui, aux termes de la confiscation, devait la rendre à la famille au bout de deux cents ans, ce qui n'a jamais été exécuté. Vichy possédait encore alors un grenier à sel et un bureau des traites, et aujourd'hui ce n'est pas même un chef-lieu de canton.

La ville actuelle de Vichy est située dans une belle vallée entourée de collines fertiles et des plus riantes perspectives; elle se divise en deux parties distinctes : l'une, la ville ancienne, réduite depuis longtemps au tiers de ce qu'elle a dû être, est assise sur un plateau calcaire qui domine l'Allier, et on l'appelle *Vichy-la-Ville*; l'autre s'étend dans la plaine et se compose de l'établissement thermal, de ses dépendances, des habitations et des hôtels groupés autour, et on l'appelle *Vichy-les-Bains*.

Les monuments de Vichy sont aujourd'hui fort peu remarquables; la ville vieille avait une enceinte, dont il ne reste qu'une porte, défendue par deux tours. On y voit aussi les restes d'un donjon qui renferme l'horloge de la ville; enfin, quelques vestiges d'un couvent de célestins, fondé par le duc Louis, deuxième du nom, en 1410, et qui fut plusieurs fois dévasté et entièrement supprimé à la révolution de 1790. L'église paroissiale actuelle est élevée sur l'emplacement d'une ancienne chapelle romane, qui dépendait du château et n'a rien qui mérite l'attention. Dans la ville neuve, ou Vichy-les-

RESTES DU COUVENT DES CÉLESTINS A VICHY.

Bains, on ne peut citer que les bâtiments modernes de l'établissement thermal construits primitivement, au commencement du dernier siècle, par les soins de M. de Vanalles, un des intendants du Bourbonnais, mais, depuis, refaits et augmentés par les ordres de Mesdames Adélaïde et Victoire de France, et plus tard par Napoléon. Ces bâtiments, bien disposés, vastes et convenablement distribués, ne sont pas sans importance, mais n'ont rien de remarquable comme monuments d'art.

Cependant en 1846, M. Strauss, artiste, ayant obtenu du gouvernement la concession de l'établissement pour y donner des concerts et des bals, a fait terminer la galerie intérieure de l'établissement avec rotonde au centre. L'ornementation intérieure de ces nouvelles constructions nous rappelle ce qui a été fait de plus luxueux dans ce genre pendant ces dernières années.

Il ne s'est passé à Vichy aucun événement digne de mémoire, si ce n'est la part malheureuse que cette ville prit aux guerres de la Praguerie et aux dissensions religieuses; elle ne tire toute sa célébrité que de l'abondance et de l'efficacité de ses eaux thermales, ainsi que de la beauté et de la salubrité du pays.

Les eaux de Vichy, cependant, furent longtemps en moins grande réputation que celles de Bourbon-l'Archambault, et n'étaient pas aussi fréquentées; mais, depuis quelques années, la mode les a mises en très grande vogue et les a placées au premier rang. La foule y devient considérable à chaque saison; en 1849, plus de 4,000 personnes se pressaient sous les sombres allées du parc, et en 1850 Vichy a compté plus de 6,000 visiteurs.

Les sources, dont l'ensemble constitue les thermes de Vichy, sont au nombre de sept.

degrés.
Le puits Carré, ou le Grand bassin des bains . . . 44° 88
Le puits Chomel . . . . 39° 26

La source de la Grande-Grille . . . . 39° 18
La fontaine de l'Hôpital, ou Gros-Boulet . . . . . 35° 25
La source Lucas . . . . 29° 75
La fontaine des Acacias, ou Petit-Boulet . . . . . 27° 25
La fontaine des Célestins, ou le Rocher . . . . . . 19° 75

Le total du volume d'eau fourni par les sept fontaines en 24 heures, est d'environ 260 mètres cubes, ce qui pourrait alimenter 700 bains dans une journée.

Il existe différentes autres sources qui appartiennent à des particuliers et ne sont point à l'usage du public.

L'une d'elle cependant, qui appartient à M. Brosson, a été d'un grand secours pour les malades en 1850, les sources de l'établissement ne pouvant à elles seules fournir un volume d'eau assez considérable au nombre toujours croissant des buveurs. Cette source, l'une des plus considérables de Vichy, se trouve entre l'établissement et la rivière.

L'établissement thermal de Vichy a, pendant longtemps, été tenu à ferme par MM. Brosson frères, mais a été mis en régie depuis 1843 par le gouvernement.

Pendant 31 ans, de 1802 à 1833, les eaux de Vichy ont eu pour inspecteur le docteur Lucas, médecin habile, entièrement dévoué, et dont le nom est encore populaire et vénéré à Vichy.

M. Desbrest, médecin, a été aussi intendant des eaux de Vichy et a publié, entre autres ouvrages, des *Lettres sur l'emploi du mercure dans la maladie de la rage*, un *Traité des eaux de Châteldon, Vichy et Hauterive*, et divers Mémoires insérés dans les journaux de médecine du temps.

Aujourd'hui, l'inspecteur est M. Prunelle, en même temps maire de la ville.

SOURCE LARDY A VICHY.

CANTON DU DONJON.

Étendue, 31,861 hectares; divisé en treize communes: le Donjon, chef-lieu; Avrilly, Le Bouchaud, Chassenard, Lenax, Loddes, Luneau, Montcombroux, Montaiguet, Neuilly-en-Donjon, Le Pin, Saint-Didier-en-Donjon, Saint-Léger-les-Bruyères, dont la population totale est de 9,500 habitants. Le sol y est tantôt argileux, tantôt sablonneux, et une grande partie est couverte de bois, dont l'exploitation occupe un grand nombre d'ouvriers. Les sites pittoresques et accidentés y sont assez nombreux, des petites collines se succèdent les unes aux autres, entrecoupées de vallons, dont les prairies sont arrosées par une grande quantité de ruisseaux et de filets d'eau vive.

Le Donjon, petite ville sur la rivière d'Ode, chef-lieu. Étendue, 2,658 hectares 95 ares; — population, 1,871 habitants; — maisons, 352. Situé dans un vallon profond entouré de hautes collines. A l'époque de la féodalité, cette ville, à ce que l'on croit, possédait quelque château-fort, dont le donjon remarquable, sans doute par sa forme ou par quelque fait mémorable, aurait donné le nom à la localité; c'est à peine, cependant, si on retrouve ce nom dans l'histoire, bien que la ville ait été possédée par quelques familles célèbres, telles que celle de *Baudoin du Donjon*, d'où sont sortis quelques chevaliers renommés; celle d'Aycelin-Montagu, dans le xive siècle; de Philippe de Vienne, etc.

En 1450, on y fonda un couvent de Cordeliers qui était sous l'obédience de celui de Montluçon; Agnès de Bourgogne, veuve de Charles Ier, duc de Bourbonnais, le fit augmenter et lui donna, dans la suite, une certaine importance. L'église, qui est aujourd'hui celle de la paroisse, n'a jamais été achevée. On y voyait aussi un couvent de religieuses urbanistes, qui fut supprimé dans le dernier siècle, et dont les biens furent donnés aux Carmélites de Moulins. Près de l'église, s'élève une tour ronde très effilée où est placée l'horloge de la ville, et l'on cite, dans une des auberges, une chambre décorée d'une belle et large cheminée aux armes de France et de Bourbon.

Le Donjon a, depuis 1844, un bureau de poste. On y trouve encore un moulin à plâtre, une fabrique de draps d'hôpital, une carde à laine, mue par une machine à vapeur, et une école de jeunes filles tenue par les sœurs de Saint-Joseph.

Il s'y tient plusieurs foires et marchés importants, surtout la foire du 24 juin, où l'on vient en grand concours pour louer des domestiques. Marché, le lundi de chaque semaine.

En 1793, le Donjon fut nommé, on ne sait trop pourquoi, *le Val libre*.

Jean Diannyère, docteur en médecine, est né au Donjon en 1711, et est mort à Moulins en 1782. Il a publié plusieurs ouvrages estimés : une *Analyse des eaux de Bardon* ; — *Observations sur le Traitement d'une espèce de colique venteuse* ; — *Essai sur la meilleure manière d'employer les vermifuges* ; — *Considérations sur la paralysie des extrémités*. Les trois derniers mémoires ont été insérés dans le *Journal de Médecine* et dans le *Journal de Trevoux*. On trouve son éloge dans les mémoires historiques de la société nationale de médecine.

Préveraud de la Boutresse, ancien président à la cour d'appel de Riom, chevalier de la Légion-d'Honneur, ancien député, et mort en 1825, était aussi né au Donjon.

La ville du Donjon est à quarante kilomètres de Lapalisse.

Avrilly, village. — Étendue, 1,147 hectares ; — population, 454 habitants ; — maisons, 122. Cette commune est remar-

LE DONJON

quable par son beau château que l'on croit avoir été bâti par Anne de France.

Jadis ancienne forteresse et devenue une élégante maison de plaisance, il offre une variété très pittoresque de constructions de diverses époques, on y arrive par une belle avenue d'ormes qui aboutit à une vaste pièce d'eau et à un jardin. La façade ancienne du château se présente de ce côté avec sa tour carrée à mâchicoulis et ses petites tourelles encorbellées à chaque angles ; au pied sont de larges fossés remplis d'eau ; une porte d'entrée en bosselage et des pavillons qui l'accompagnent, sont de la dernière période de la Renaissance ; tout le reste a été transformé avec une sorte de richesse en constructions modernes qui se développent sur un immense jardin anglais, sur des tapis de verdure, des bosquets, des massifs d'arbres, des eaux courantes, etc., etc. Cette propriété a appartenu à la famille du Ligondez, et maintenant elle fait partie des domaines de la famille Des Roys.

Avrilly est à trois myriamètres de Lapalisse.

Le Bouchaud. — Étendue, 2,254 hectares 82 ares ; — population, 561 habitants ; — maisons, 122. Cette commune n'a pas d'église, elle est à deux myriamètres de Lapalisse.

Chassenard. — Étendue, 2,512 hectares 70 ares ; — population, 731 habitants ; — maisons, 158. A quatre myriamètres de Lapalisse.

Lenax, village arrosé par deux rivières, le Lenax et l'Ouzance, qui prennent leur source tout près, au Mont Faitret, et se jettent dans la Loire après un cours de deux myriamètres cinq kilomètres environ. — Étendue, 2,813 hectares 36 ares ; — population, 1,025 habitants ; — maisons, 284. A un myriamètre cinq kilomètres de Lapalisse.

Loddes, village. — Étendue, 2,362 hectares 12 ares ; —

population, 528 habitants; — maisons, 130. A un myriamètres deux kilomètres de Lapalisse.

Luneau, village. — Étendue, 2,727 hectares 46 ares; — population, 785 habitants; — maisons, 174. A trois myriamètres deux kilomètres de Lapalisse.

Montcombroux, village. — Étendue, 2,542 hectares 2 ares; — population, 586 habitants; — maisons, 86. Cette commune, pauvre et peu industrieuse jusqu'à ces dernières années, voit chaque jour accroître son bien-être et le nombre de ses habitants par l'établissement tout récent et l'exploitation de mines de houille que le sol fournit en abondance. Cette amélioration, qui est de plus en plus en progrès, doit rendre un jour cette localité fort importante. A un myriamètre six kilomètres de Lapalisse.

Montaiguet. — Étendue, 2,248 hectares 85 ares; — population, 891 habitants; — maisons, 229. Commerce important de seigle et de vins; débris d'un vieux château-fort et une porte monumentale du XVe siècle. A trois myriamètres cinq kilomètres de Lapalisse.

Neuilly-en-Donjon. — Étendue, 2,501 hectares 54 ares; — population, 482 habitants; — maisons, 104. Ce village est situé dans une plaine qui, il y a quinze ans, était couverte de bois qui ont été successivement défrichés et ont fait place à diverses cultures, telles que celle du froment, du seigle, de la vigne, des fruits, etc., qui sont aujourd'hui en plein rapport. On trouve à Neuilly une vaste église dont le portail principal est orné de sculptures représentant la cène, la création du monde, la naissance du Christ, etc., et dont l'intérieur renferme, assure-t-on, quelques tableaux qui seraient d'un assez grand prix. La petite rivière d'Ouzance, qui fait tourner deux moulins, et le ruisseau de Cresançon arrosent cette commune, qui est, en outre, traversée par la ligne de grande vicinalité de Moulins à Marcigny, dont l'achèvement augmentera sa prospérité. A deux myriamètres huit kilomètres de Lapalisse.

Pin. — Étendue, 2,176 hectares 90 ares ; — population, 566 habitants ; — maisons, 126. A trois myriamètres de Lapalisse.

Saint-Didier-en-Donjon. — Etendue, 3,226 hectares 48 ares ; — population, 688 habitants ; — maisons, 131. A deux myriamètres six kilomètres de Lapalisse.

Saint-Léger-les-Bruyères. — Etendue, 1,817 hectares 93 ares ; — population, 489 habitants ; — maisons, 114. A trois myriamètres quatre kilomètres de Lapalisse.

CANTON DE JALIGNY.

Étendue, 27,001 hectares 10 ares ; divisé en douze communes : Jaligny, chef-lieu, Bert, Chatelperron, Chavroche, Cindré, Liernolles, Saint-Léon, Sorbier, Thionne, Treteau, Trezelle et Varennes-sur-Têche. Le sol argileux et sablonneux est assez fertile. On y trouve des mines de fer et de houille dont quelques-unes sont exploitées. La population est de 9,027 habitants.

Jaligny, chef-lieu. — Étendue, 962 hectares 22 ares ; — population, 689 habitants ; — maisons, 169. C'est une des plus anciennes villes du Bourbonnais, mais qui est bien réduite aujourd'hui ; elle dut son origine et sa célébrité à un château-fort important, dont les différents seigneurs ont joué un rôle assez actif dans l'histoire. La terre de Jaligny appartint d'abord aux sires de Jaligny, dans les xie et xiie siècles, depuis elle fut successivement possédée par les maisons d'Amboise et de Châtillon, par les dauphins d'Auvergne, les seigneurs de La Fayette, la maison de La Guiche, et maintenant elle est la propriété de M. de Barral.

La ville n'est plus qu'un village, elle était jadis close de murailles, et son enceinte avait la forme d'une demi-circonférence ; une des portes principales existait naguère et on la voit peut-être encore, elle était bâtie en moëllons, avait une voûte en plein cintre et était défendue par une herse et un assommoir.

Ce château assez considérable ne présente cependant aucun détail d'architecture bien remarquable, il est situé au pied

Ancien Plan de Jaligny.

d'une petite colline et entouré de beaux jardins à l'anglaise. La façade occidentale est flanquée de deux tours d'un aspect assez imposant, la façade de l'Est est du xv⁰ siècle ; la partie la plus curieuse est l'ancienne chapelle que fit faire le cardinal d'Amboise. On entrait au château par une ancienne porte fortifiée, avec herse et pont-levis, flanquée de deux tourelles, porte que l'on voit encore au milieu de massifs d'arbres. Le château de Jaligny est en somme un vieux château féodal, rajeuni à diverses époques et définitivement accommodé à la moderne et mis autant que possible en harmonie avec les jardins nouveaux qui l'environnent.

L'église paroissiale est d'architecture de transition, et présente le mélange d'arcs à plein cintre et en ogive. On voit dans les bas-côtés des statues d'un beau style et qui étaient primitivement peintes des plus vives couleurs.

Il y avait, près de Jaligny, un monastère qui, comme tant d'autres, a disparu, et qu'on appelait le *Moustier* ou le prieuré du Saint-Sépulcre, fondé par Hector de Jaligny, au retour des croisades ; l'acte de fondation porte, après divers considérants religieux et philosophiques, cette singulière condition, que le fondateur entend que sa fondation reste à perpétuité telle qu'il l'établit, et qu'il voue quiconque essayera d'y changer quelque chose, fût-ce le roi même, aux châtiments qu'ont subis les traîtres Judas, Antiochus, Domitien, Néron, Datan et Ambiron.

Parmi les personnages marquants qui ont possédé la terre de Jaligny, nous citerons seulement Guichard Dauphin, seigneur de Jaligny, grand-maître des arbalétriers de France, il fit foi et hommage à Louis Ier, duc de Bourbon, en 1403, pour les fiefs du duché de Bourbonnais, et fut reçu parmi les chanoines de Nevers ; il servit le roi en Guyenne d'une manière brillante, son fils lui succéda et fut grand-maître d'hôtel de France. Au xviie siècle, cette belle terre de Jaligny passa dans la maison de La Guiche, et maintenant elle appartient à la famille de Barral.

Jaligny est à un myriamètre huit kilomètres de Lapalisse.—
Marché, le samedi de chaque semaine.

Bert, petite commune.— Étendue, 2,415 hectares 58 ares;
— population, 830 habitants; — maisons, 173. Le terrain
produit du seigle et des fruits, et l'on y trouve des mines de
houille. A un myriamètre de Lapalisse.

Chatelperron.— Étendue, 2,667 hectares 4 ares; — population, 554 habitants; — maisons, 77. Cette commune, placée
dans un site magnifique et sur un sol très accidenté, présente
un aspect des plus pittoresques sur les bords de la Besbre. Les
terres qui, en général, sont colorées d'un rouge assez vif, produisent particulièrement, dans le champ dit *des Belles Pierres*,
de très beaux quartz rubanés, des cristalisations blanches,
vertes et améthystes; les environs présentent diverses mines
de fer exploitées par quelques forges, et de nombreuses carrières de marbres de diverses couleurs qui ont été, dit-on, aussi
exploitées de 1760 à 1780. On prétend même qu'elles ont été
connues des Romains. De Caylus assure qu'une partie de ces
marbres a des qualités égales à celles du marbre de Paros;
on s'en est servi pour le piédestal de la statue équestre de la
ville de Rheims. On s'était proposé d'en paver l'intérieur de
l'église de Notre-Dame de Paris, ce qui n'a point été exécuté,
l'entrepreneur ayant disparu avec l'argent qu'il s'était fait
donner d'avance. Ce qui manque à l'exploitation de ces mines,
ce sont les moyens de transport et de communication; la Besbre
n'est pas navigable et les chemins sont d'un difficile accès.—
Les templiers se fixèrent à Chatelperron, on ne sait trop à
quelle époque, mais leur maison a dû être assez considérable à
en juger par les ruines que l'on en voit encore. Ce qui reste ne
paraît pas antérieur au XIIIe siècle. Il y avait aussi dans cette
commune un château important possédé au XIVe siècle par des
seigneurs qui portaient le nom du lieu; ce château, dans le

principe, avait la forme d'un carré long, flanqué de quatre tours ; la partie méridionale a été entièrement détruite, il n'en reste guère en tout que des débris de tours construites en moëllons et percées de petites meurtrières allongées, dont l'ouverture s'agrandit dans la partie inférieure. L'église était comprise dans l'enceinte du château et est romano-byzantine, elle n'a qu'une seule nef ; les autels de l'abside sont en marbre blanc du pays, le portail est ornée de six grosses colonnes en grès fin, d'un rouge foncé, et dans le tympan l'on voit un bas-relief représentant l'agneau pascal, surmonté d'une croix grecque.

Chatelperron est à deux myriamètres de Lapalisse.

Chavroche. — Étendue, 995 hectares 64 ares ; — population, 721 habitants ; — maisons, 152. Sol calcaire et produisant du blé, huile, trèfle, avoine, pommes de terre, etc. C'était le siége d'une des châtellenies du Bourbonnais, dont plusieurs seigneurs ont figuré dans l'histoire des sires de Bourbon ; la première indication historique que l'on trouve sur cette localité remonte au xiii° siècle. Agnès, dame de Bourbon, donna cette châtellenie à Béatrix, femme de Robert de France, avec mille livres de rente pour sa dot. En 1356, Chavroche fut l'objet d'une contestation entre Pierre Ier, duc de Bourbon, et Jacques de Bourbon, comte de la Marche, qui s'était emparé du château, et ne le restitua que contre une rente de quatre mille livres. Au xvi° siècle, Anne de France engagea Chavroche à Jacques de Chabannes, maréchal de France, pour huit mille écus d'or, valant quarante sous la pièce, mais elle se réserva la souveraineté de la justice et tout ce qui en ressortissait. Depuis, cette châtellenie est devenue la propriété des carmélites de Paris, qui en ont joui jusqu'à 1790. Cette châtellenie n'était pas très étendue ; son château, depuis fort longtemps en ruines, avait un donjon en forme de grosse tour carrée, était clos de murailles et de fossés profonds avec des ponts-levis. Outre la maison seigneuriale, il y avait dans ce château plusieurs autres habitations particulières, où les habitants du bourg pouvaient se retirer en temps de guerre et mettre leurs personnes et leurs meubles à l'abri. De ce château, élevé sur un côteau, la vue s'étend sur un vaste horizon très accidenté et sur le cours de la Besbre qui forme un charmant paysage.

Chavroche est à un myriamètre six kilomètres de Lapalisse.

Cindré. — Étendue, 2,263 hectares 79 ares ; — population, 855 habitants ; — maisons, 167. Cette commune n'a de remarquable que son château, rebâti en grande partie à la moderne vers la fin du règne de Louis XIV, mais dont on a conservé une grosse et forte tour carrée qui paraît d'une assez haute antiquité ; c'est aujourd'hui la propriété de la famille de Launay.

Cindré est à un myriamètre deux kilomètres de Lapalisse.

Liernoles. — Étendue, 3,729 hectares 66 ares ; — population, 689 habitants ; — maisons, 113. A deux myriamètres quatre kilomètres de Lapalisse.

Saint-Léon. — Étendue, 3,363 hectares 64 ares ; — population, 999 habitants ; — maisons, 243. Saint-Léon n'a de remarquable que d'être dans le voisinage du Puy Saint-Ambroise, montagne conique qui semble tout-à-fait isolée, et dont le sommet a beaucoup d'analogie avec le cratère d'un volcan ; comme les pentes de cette montagne sont assez douces, on parvient assez facilement au sommet, et l'on y jouit d'un des plus admirables points de vue qui puissent se voir, par l'immensité de l'horizon et l'extrême variété du pays et des objets que l'on découvre.

Saint-Léon est à deux myriamètres deux kilomètres de Lapalisse.

Sorbier. — Étendue, 1,701 hectares 55 ares ; — popula-

LE GRAND CHAMBORD
(Canton de Jaligny.)

tion, 494 habitants; — maisons, 98. A un myriamètre deux kilomètres de Lapalisse.

Thionne. — Étendue, 2,698 hectares 87 ares; — population, 813 habitants; — maisons, 213. A deux myriamètres de Lapalisse.

Treteau. — Étendue, 3,123 hectares 17 ares; — population, 896 habitants; — maisons, 185. Joli bourg qui a appartenu longtemps à la maison de Jaligny. A un myriamètre huit kilomètres de Lapalisse.

Trezelle. — Étendue, 1,805 hectares 56 ares; — population, 940 habitants; — maisons, 194. Cette commune, traversée par la rivière de la Besbre, abonde en prairies naturelles et artificielles; on y récolte du froment, de l'avoine, du chanvre, des noix en abondance, et toutes espèces de fruits. Les habitants prétendent que leur commune avait été jadis une ville close, et ils montrent à l'appui de leur dire quelques vieux pans de murailles. On y célébrait une fête ou foire qu'on appelait *Chari-Barat*, et qui, aujourd'hui, est peu ou point fréquentée. Près de là est un lieu dit *de la Corne*, renommé par son commerce d'horlogerie. A un myriamètre de Lapalisse.

Varennes-sur-Téche. — Étendue, 1,874 hectares 60 ares; — population, 756 habitants; — maisons, 131. A un myriamètre deux kilomètres de Lapalisse.

CANTON DU MAYET.

Étendue, 28,764 hectares ; divisé en huit communes : le Mayet, chef-lieu, Arronne, Chatel-Montagne, Ferrières, Laprugne, Nizerolle, Saint-Clément et Saint-Nicolas-des-Biefs, dont la population totale est de 14,021 habitants. Ce canton offre une suite de montagne dont le point culminant est le sommet du mont de la *Madeleine*, commune de Laprugne, et celui du mont *Montoncel*, commune de Ferrières, qui font partie de la chaîne du Forez. Le sol est généralement siliceux ; on y trouve des mines de fer et de plomb qui n'ont jamais été sérieusement exploitées, et sont aujourd'hui abandonnées. Les bestiaux et les bois sont les principaux objets du commerce. Dans les parties les plus élevées, les habitants fabriquent des sabots et des ustensiles de ménage en bois, que l'on exporte par la Loire et parviennent même ensuite jusqu'à Paris.

Mayet-de-Montagne, chef-lieu du canton. — Étendue, 2,962 hectares 78 ares ; — population, 1,919 habitants ; — maisons, 409. Cette commune est non-seulement le chef-lieu du canton auquel elle donne son nom, mais encore c'est aussi pour ainsi dire, le chef-lieu de cette partie du département à laquelle on donne particulièrement le nom de Montagne, et qui s'étend sur les rives de la Besbre depuis Lapalisse en remontant cette rivière jusqu'auprès de sa source. Les principales productions sont le seigle et les bestiaux. Cette commune est dans une fort riante position, et, dans ses environs, on trouve de prétendues pierres celtiques, sur une montagne couverte de blocs de granit, d'une couleur gris rougâtre ; un de ces blocs de granit,

entre autres, présente à sa surface, d'une grande étendue, des espèces de bassins qui étaient, dit-on, destinés à recevoir le sang des victimes dans les fêtes des Druides. L'église est d'un style bâtard et peu remarquable; la commune possède une école primaire et une école de jeunes filles. Le Mayet est à deux myriamètres quatre kilomètres de Lapalisse. — Marché : le lundi de chaque semaine.

Arronne. — Étendue, 2,598 hectares 43 ares; — population, 1,047 habitants; — maisons, 226. Cette commune est située dans un vallon arrosé par le Sichon et le Varail, et est environnée de belles et nombreuses prairies. L'église paraît être du XIe siècle. On y voit un portail d'un style sévère avec deux colonnes de marbre et une campanille élégante à plain cintre; elle possède une très belle cloche. Le seigle, l'avoine, le foin, les pommes de terre et les bestiaux sont les productions du pays.

Arronne est à deux myriamètres six kilomètres de Lapalisse.

Châtel-Montagne. — Étendue, 3,680 hectares 95 ares; — population, 2,051 habitants; — maisons, 203. Cette commune était autrefois le chef-lieu d'une des premières baronies du Bourbonnais; elle est traversée par le chemin de grande communication de Cusset à Roanne. Le pays est agreste, mais le cours de la Besbre est très pittoresque. Le commerce principal consiste en seigle, avoine, pommes de terre, bestiaux, charbons de bois; il y a aussi une filature de lin occupant quatre-vingts personnes, il y a deux écoles primaires, l'une pour les garçons et l'autre pour les jeunes filles; enfin, sept foires y amènent, à diverses époques de l'année, un assez grand concours de monde. Châtel-Montagne possède une église fort curieuse, monument complet dans son ensemble et dans ses détails et type remarquable de l'architecture religieuse du XIe siècle. Elle est située sur le point le plus culminant du côteau, elle domine tout le village et une grande étendue de pays. La façade occidentale est élevée sur onze marches et présente un porche à trois arcades d'un caractère sévère et d'une complète conservation, le clocher était jadis surmonté d'une flèche de vingt mètres de hauteur, et que la municipalité fit abattre sans nécessité en 93 ; cet acte de vandalisme coûta à la commune la somme de 1,500 fr. Ce monument mérite l'attention spéciale des antiquaires et des curieux, et offre dans toutes ses parties, à l'extérieur et à l'intérieur, des détails fort intéressants. Cette église était primitivement celle d'une ancienne abbaye, fondée par des religieux de l'ordre de Cluny. Près de là, était l'emplacement d'un ancien château, dont il ne reste plus que quelques faibles débris, il se composait d'une enceinte polygonale irrégulière, flanquée de tours à tous les angles. Aux XIV° et XV° siècles, Châtel-Montagne était possédé par la famille de Oudin de Rollat, il est souvent question de cette famille dans la chronique de Doronville ; la marquise d'Humières succéda aux Rollat ; enfin cette terre fut acquise par M. d'Evry, intendant de la généralité du Bourbonnais, et depuis elle est restée en grande partie à ses descendants. — Marché : le mardi de chaque semaine.

Châtel-Montagne est à un myriamètre huit kilomètres de Lapalisse.

Ferrières. — Étendue, 6,836 hectares 93 ares ; — population, 3,028 habitants ; — maisons, 591. Cette commune est une des plus importantes de la partie du département qu'on appelle la Montagne, elle est située dans un beau vallon arrosé par le Sichon. Les montagnes nues et abruptes qui l'avoisinent sont à base calcaire ; on y trouve des carrières de marbre de bleu turquin, d'un grain fin et compact, mais difficile à employer : le bois, la fabrication des cordes et la teinture, sont les principaux objets de commerce. Ferrières présente aux étrangers quelques curiosités naturelles, telles que la grotte aux

ROCHER S.T VINCENT
(Canton du Donjon)

Fées, la source des Fées, le rocher Saint-Vincent, etc. — La grotte aux Fées est une caverne qui s'enfonce dans la montagne à une très grande profondeur, les parois en sont couvertes de stalactites qui présentent les formes les plus singulières, à qui on a donné différents noms fantastiques, analogues à leurs formes; ainsi on y voit la femme au linceul, le magicien, la nymphe, l'atlas, le chameau, etc., etc. La source des Fées est une immense cascade qui descend en mugissant à travers les roches et couvre tout ce qui l'environne d'une onde écumante. Le roc ou rocher Saint-Vincent est une énorme masse pyramidale de rochers inclinés vers le sud et n'ayant pas moins de trente-trois mètres de haut, on arrive au faîte par un sentier étroit et difficile et l'on y jouit de la vue la plus étendue et la plus admirable que l'on puisse imaginer. On y trouve aussi quelques vestiges assez considérables de vieilles constructions, restes d'anciens châteaux aussi formidables qu'inaccessibles. Il se rattache à toute cette localité bon nombre de légendes curieuses et de récits populaires que nous ne pouvons énumérer ici et qui gagnent d'ailleurs beaucoup à être contés par les habitants eux-mêmes. Ferrières ne possède aucun monument digne de remarque. — Marché : le mercredi de chaque semaine.

Laprugne. — Étendue, 4,021 hectares 76 ares; — population, 1,904 habitants; — maisons, 419. A trois myriamètres huit kilomètres de Lapalisse.

Nizerolles. — Étendue, 1,756 hectares 65 ares; — population, 819 habitants; — maisons, 85. A deux myriamètres de Lapalisse.

Saint-Clément. — Commune située sur la Besbre. — Étendue, 3,463 hectares 68 ares; — population, 1,697 habitants; — maisons, 345. Cette commune est dans une très riante position entre deux côteaux. A deux myriamètres quatre kilomètres de Lapalisse.

Saint-Nicolas-des-Biefs. — Étendue, 3,443 hectares 22 ares; — population, 1,421 habitants; — maisons, 270. Forte commune éloignée de tout centre de civilisation, et perdue au milieu des forêts et des montagnes. On y fait commerce de charbon de bois, de sabots et de quelques bestiaux. Les habitants sont presque tous charbonniers ou sabotiers. — A deux myriamètres huit kilomètres de Lapalisse.

CHATEAU DE MONTGILBERT.
(Canton du Mayet.)

CANTON DE VARENNES.

Étendue, 17,962 hectares 14 ares; divisé en 14 communes : Varennes, chef-lieu; Billy, Boucé, Créchy, Langy, Magnet, Montaigu-le-Blin, Montoldre, Rongères, Saint-Félix, Saint-Gerand-le-Puy, Saint-Germain-des-Fossés, Sanssat, Seuillet, dont la population totale est de 11,945 habitants. Ce canton est arrosé par la rivière de l'Allier dont les rives sont en général garnis de côteaux couverts de vignes; le sol est argilo-calcaire et fort riche et les habitants s'occupent principalement des travaux agricoles.

Varennes, chef-lieu du canton.— Étendue, 2,393 hectares 11 ares; — population, 2,295 habitants; — maisons, 528. Varennes est une petite ville située sur la rivière de Valençon près de son confluent avec l'Allier à l'extrémité d'un bassin riche et fertile traversé par l'Allier, et dont les principales productions sont le froment et les vins. On entre à Varennes par l'ancienne paroisse de Vouroux, qui n'est plus qu'un faubourg. Cette ville ne renferme plus aujourd'hui rien de curieux, ses anciens monuments ont tous été détruits, et il n'est rien resté des vestiges de son ancienne importance; elle était autrefois ville close et fortifiée, possédant des priviléges et des franchises, et ayant des seigneurs particuliers depuis le xe siècle jusqu'en 1337, qu'elle fut réunie au duché du Bourbonnais par le duc Louis Ier, et comprise dans la châtellenie de Billy. Elle était encore alors fort importante, avait une justice particulière et des marchés très fréquentés. Comme ville de guerre elle prit part aux guerres du *Bien public*, sous

Charles VII, et aux guerres de religion, en 1591. Après la confiscation du Bourbonnais, la ville de Varennes fut engagée à la famille de Montmorency-Luxembourg.

Près de là, dans une riante position, on voit le château de Gayette transformé en hôpital, en 1694, par le don qu'en fit aux pauvres M. et Madame de Pingré de Farinvilliers qui en étaient propriétaire; cet hôpital, qui contient soixante lits pour hommes et soixante pour femmes, est aujourd'hui desservi par six religieuses de Saint-Vincent-de-Paul, et une commission administrative, composée du maire et de quelques notables de Varennes. La grande route de Paris à Lyon traverse cette ville. A deux myriamètres huit kilomètres de Lapalisse. — Marché : le mardi de chaque semaine.

Billy. — Étendue, 1,018 hectares 75 ares; — population, 1,019 habitants; — maisons, 211. Bourg sur la rive droite de l'Allier, situé sur un monticule et environné de quelques marais. C'était autrefois une des plus fortes des dix-sept châtellenies du Bourbonnais, ayant haute justice et un château-fort bâti dans le XIVe siècle, dont les ruines sont encore fort curieuses et méritent d'être visitées; aussi sont-elles un des buts de promenade des plus ordinaires pour les personnes qui fréquentent les eaux de Vichy. Au XVe siècle, il paraît que Billy était encore une ville d'une assez grande importance, car elle renferme encore divers édifices et maisons à pignons qui remontent à cette époque. On remarque sur une de ces maisons, qui date de la Renaissance, une devise par laquelle le propriétaire semblait narguer la puissance du seigneur féodal : *Dieu est ma haute tour et forteresse*, et sur un autre édifice décoré d'une tourelle en encorbellement, on remarque au cul-de-lampe, un ange qui tient un phylactère sur lequel est écrit cette pensée religieuse : *L'homme est plus chargé de son péché que moi de ma tour.*

Les murailles de la ville ne paraissent pas avoir été très

CHATEAU DE BILLY
(Canton de Varennes)

fortes, elles sont presque totalement détruites. Le château seul inhabité, et déjà en ruine au xvie siècle, a conservé ses restes très remarquables, particulièrement le donjon entouré de grosses tours élevées au-dessus de fossés escarpés à vif et taillés dans le roc. Les habitants de Billy font commerce de blé et de vins d'assez bonne qualité. La route de Varennes à Vichy qui traverse le bourg et la proximité des deux lignes de chemin de fer qui vont être établies, communiquant de Paris à Clermont, et de Moulins à Roanne, assurent à ce pays de grandes chances d'accroissement et de prospérité. A un myriamètre quatre kilomètres de Lapalisse et quatre myriamètres de Moulins.

Boucé. — Étendue, 2,169 hectares 52 ares ; — population, 853 habitants ; — maisons, 164. Village peu important. A un myriamètre six kilomètres de Lapalisse.

Créchy. — Étendue, 1,161 hectares 5 ares ; — population, 486 habitants ; — maisons, 92. A deux myriamètres de Lapalisse.

Langy. — Étendue, 734 hectares 66 ares ; — population, 453 habitants ; — maisons, 142. A un myriamètre six kilomètres de Lapalisse.

Magnet. — Étendue, 1,272 hectares 21 ares ; — population, 649 habitants ; — maisons, 142. A deux myriamètres de Lapalisse.

Montaigu-le-Blin. — Étendue, 493 hectares 54 ares ; — population, 960 habitants, maisons, 200.

Bourg assez considérable et fort peuplé qui ne possède aucun établissement industriel, mais une des communes du département où l'agriculture a fait le plus de progrès, et où se trouvent les bestiaux du plus beau choix et les mieux soignés.

Les propriétaires, fermiers et métayers y sont tous riches ou dans une très honnête aisance. Les productions principales sont le froment, l'orge, l'avoine, l'huile de noix, le chanvre et les foins artificiels. A l'extrémité d'une grande place, sur une éminence, on retrouve les ruines assez importantes d'un château fortifié qui a dû avoir un aspect fort imposant, et qui formait une enceinte de murs épais, flanqués de six tours avec donjon, chapelle, porte à assommoir, pont-levis, etc. Ce château a eu plusieurs siéges à soutenir et malgré son aspect qui devait paraître formidable, il ne résista pas toujours avec succès et eut surtout beaucoup à souffrir des bandes bourguignonnes.

Montaigu a appartenu aux Chabanes de la Palice, qui l'ont fait reconstruire en grande partie, si on en juge par les armes de cette maison, sculptées sur diverses parties. M. de Gouzon l'acquit ensuite de Madame Gabrielle de Rohan, curatrice de Hercule de Rohan, de Montbazon.

La terre de Montaigu était fort considérable, elle avait justice haute et basse, fiefs, dîmes, des droits seigneuriaux fort étendus et de riches immeubles. A un myriamètre deux kilomètres de Lapalisse.

Montoldre. — Étendue, 1,889 hectares 36 ares ; — population, 680 habitants ; — maisons, 123. A deux myriamètres huit kilomètres de Lapalisse.

Rongères. — Étendue, 897 hectares 14 ares ; — population, 646 habitants ; — maisons, 50. A deux myriamètres de Lapalisse.

Saint-Félix. — Étendue, 520 hectares 30 ares ; — population, 316 habitants ; — maisons, 50. A un myriamètre deux kilomètres de Lapalisse.

Saint-Gerand-le-Puy. — Étendue, 1,095 hectares 45 ares ;

— population, 1,721 habitants ; — maisons, 551. Petite ville d'assez peu d'importance au moyen-âge, et qui, depuis, n'a pas beaucoup gagné, mais a toujours été renommée par l'aménité et l'aisance de la population bourgeoise qui l'habite ; elle est bâtie en amphithéâtre sur une colline qui domine une contrée pittoresque et fertile, et est composée à peu près de trois rues, formant un triangle. Autrefois cette ville était fortifiée et a servi d'apanage à une branche des anciens Bourbons. Des cadets des Bourbons-Montluçon la possédaient au commencement du XIIIe siècle. Depuis appartint aux Aycelin de Montaigu-Listenois ; plus tard, portée par alliance dans la maison de Rollans, et enfin échue par testament à Antoine de Baufremont. On y trouve pour tous monuments remarquables un château, petit manoir, de la fin du XVe siècle, composé d'un corps de logis, flanqué de tourelles, où fut reçu, en 1804, le pape Pie VII, lorsqu'il se rendait à Paris pour sacrer Napoléon, et l'église, édifice du Xe siècle, dédiée à Saint-Martin de Tours, où l'on trouve, dit-on, des restes de peintures murales assez importantes par la couleur, le dessin et la conservation, et qui mériteraient peut-être qu'on s'en occupât, soit pour les conserver, soit pour les reproduire. A un myriamètre de Lapalisse. — Marché : le jeudi de chaque semaine.

Saint-Germain-des-Fossés. — Étendue, 820 hectares 22 ares ; — population, 1,057 habitants ; — maisons, 229. C'était encore une des villes closes du Bourbonnais, destinée sans doute à défendre un des points des rives de l'Allier. La commune est traversée par le Mourgon, petite rivière qui prend sa source à l'étang Rosiers, commune de Saint-Christophe, et fait mouvoir plusieurs moulins à farine. Les trois quarts du sol sont des terrains de première qualité, le reste se compose de terrains calcaires où sont plantées des vignes ; de vastes pâturages bordent l'Allier, et du plateau où est situé le village, on découvre les montagnes du Puy-de-Dôme et du Mont-Dore.

Les terres sont cultivées à la bêche, les principales productions sont le vin, le froment, l'orge, le chanvre, les haricots, les fruits et les fourages artificiels, et cette commune, dans la saison des eaux, fournit une grande partie des approvisionnements de Vichy. La commune de Saint-Germain dépendait originairement de la châtellenie de Vichy, on y voit encore une belle église classée au nombre des monuments historiques, dans laquelle se trouve une curieuse statue de la vierge du XIIIe siècle. En 1795, cette commune fut érigée en chef-lieu de canton avec justice de paix, depuis elle a été réunie au canton de Varennes. Sa fête patronale qui se célèbre le dimanche après le 2 juillet, attire un grand concours de curieux et de fidèles qui ont en vénération une madone qui se trouve dans l'église de la commune, et qui a déjà, selon le dire des bonnes gens, produit plusieurs miracles. C'est une des fêtes les plus remarquables et des plus célèbres du département par son ancienneté. On y tient tous les lundis un fort marché et deux foires par an, le 17 mai et le 4 septembre. A un myriamètre quatre kilomètres de Lapalisse.

Sanssat. — Étendue, 673 hectares 61 ares; — population, 465 habitants; — maisons, 79. A un myriamètre quatre kilomètres de Lapalisse.

Seuillet. — Étendue, 994 hectares 50 ares; — population, 474 habitants; — maisons, 88. A un myriamètre six kilomètres de Lapalisse.

ARRONDISSEMENT

DE MONTLUÇON.

ARRONDISSEMENT
DE MONTLUÇON.

L'arrondissement de Montluçon est situé à l'ouest du département ; il est borné au nord, par le département du Cher ; à l'ouest, par les arrondissements de Moulins et de Gannat ; au sud, par le département du Puy-de-Dôme, et à l'ouest, par celui de la Creuse.

Son étendue territoriale est d'environ 83,000 hectares, divisés en six cantons, savoir : les cantons de Montluçon, de Cérilly, d'Hérisson, d'Huriel, de Marcillat et de Montmarault, contenant ensemble quatre-vingt-quatorze communes, dont la population totale est d'environ 79,211 habitants.

Le sol est varié et gracieux, sillonné par un assez grand nombre de ruisseaux et de rivières, dont les principales sont le Cher et l'OEil, et il est traversé par le canal du Cher, qui a sa prise d'eau à Montluçon. Le territoire offre un mélange pittoresque de plaines vastes et cultivées, de côteaux couverts de bois ou de vignes, des prairies, des étangs et quelques terres vagues, appellées *Brandes*, qui ne produisent que des genêts, des joncs et des bruyères.

L'arrondissement de Montluçon renferme plusieurs forêts importantes : la forêt nationale de Tronçais qui contient

10,000 hectares, celle de l'Espinasse environ 900 hectares, et celle de Château-Charles au moins 600 hectares.

La nature du terrain est généralement granitique. On y trouve quelques traces volcaniques, quelques parties de calcaire grossier, des carrières de grès et des houillières importantes.

La culture y est abondante et variée, et ses produits consistent principalement en céréales de toutes espèces, fruits, vins et châtaignes; on y élève beaucoup de bestiaux, et le poisson est abondant dans les étangs et les rivières.

Le commerce consiste dans l'exploitation des produits du sol. L'industrie y fait chaque jour de nouveaux progrès que favorisent l'achèvement récent du canal du Cher, et l'établissement d'une ligne de chemins de fer; enfin des sources thermales assez importantes et bien exploitées ajoutent à la richesse du pays.

L'arrondissement de Montluçon est traversé par les routes nationales, n°ˢ 143, 144, 145 et 155, ainsi que par plusieurs routes départementales et chemins de grande communication.

Ancien Plan de Montluçon.

CANTON DE MONTLUÇON.

Étendue territoriale, 33,601 hectares, divisés en seize communes : celle de Montluçon, chef-lieu de l'arrondissement et du canton, de Chamblet, de Deneuille, de Désertines, de Domérat, de Lamaids, de Lavaux-Sainte-Anne, de Lignerolles, de Néris, de Prémillat, de Quinsaines, de Saint-Angel, de Saint-Victor, de Teillet, de Vaux et de Verneix, dont la population totale est d'environ 19,046 habitants.

Tout ce que nous avons dit ci-dessus en parlant en général de l'arrondissement de Montluçon sur la nature et les productions du sol, convient également au canton de Montluçon qui en est une des principales parties et offre partiellement les mêmes observations.

Montluçon, ville, chef-lieu de sous-préfecture et de canton. Étendue, 1,715 hectares 47 ares ; — population, 5,034 habitants ; — maisons, 1,189.

Située sur la rive droite du Cher dans une vallée très pittoresque, dont les côteaux couverts de vignes et de vergers ont perdu aujourd'hui, sous les efforts d'une activité et d'une industrie toujours croissante, l'aspect sauvage et désert qu'ils avaient, dit-on, autrefois ; de quelque côté qu'on envisage la ville, elle présente des aspects des plus variés et des plus agréables ; elle s'élève légèrement en amphithéâtre, et ses environs offrent des sites très remarquables, tels que ceux que l'on désigne sous les noms de *la Côte de Chatelard, le Roc du Saint, sur l'Amaron, la Roche du lac, Lavaux-Sainte-Anne* et les rochers de Guimbert.

Ces environs ont leur aspect particulier et leur physionomie propre ; on y trouve, çà et là, des torrents aux rives escarpées, des blocs de rocher, dont la base est quelquefois arrosée par le cours sinueux de ruisseaux limpides ; des gorges resserrées entre les flancs de monticules, soit agrestes, soit couverts de tapis de verdure et surmontés de bouquets d'arbres, et tout cela se groupe admirablement avec les vestiges encore assez importants des anciennes constructions militaires qui jadis fortifiaient la ville.

Malgré de nombreux changements et une foule de transformations nouvelles appropriées aux goûts ou aux besoins du temps actuel, la ville de Montluçon a, sous beaucoup de rapports, conservé sa physionomie de ville du moyen-âge ; on y retrouve bon nombre de maisons en bois, du xv° ou xvi° siècles, aux ouvertures ogives, ou en arc surbaissé, aux toits élevés, aux pignons aigus ; des rues étroites et tortueuses, bordées de constructions à étages en saillie, dont les angles sont quelquefois ornées de tourelles légères ou de poteaux à figures religieuses ; enfin quelques clochers qui ont survécu, des pans de murailles crénelées, des tours, les restes d'une citadelle et de son donjon concourent à rendre la ville de Montluçon une des plus curieuses du département de l'Allier aux yeux de l'artiste et des amateurs du vieux temps, comme elle est aussi une des plus intéressantes sous le rapport historique et de l'industrie.

La ville de Montluçon, longtemps ville frontière du Bourbonnais, avait des fortifications entretenues avec soin, elle était entourée de fossés pleins d'eau, de murailles de deux mètres d'épaisseur, flanquées de quarante tours ; il y avait quatre portes garnies de herses et de ponts-levis, et au centre de la ville, sur un rocher escarpé, était le château avec un donjon carré, et une esplanade d'où l'on découvrait au loin le pays d'alentour. Aujourd'hui il ne reste plus, comme nous venons de le dire, que quelques rares fragments de murs et une partie du château : des promenades ont été formées sur l'esplanade

CHATEAU DE MONTLUÇON

et sur les remblais des fossés. Les établissements religieux consistaient autrefois en une collégiale, desservie par un doyen et douze chanoines ; deux églises paroissiales, un couvent de cordeliers, un de capucins, un de bernardines, un d'ursulines et un hôpital desservi par des sœurs grises. Il ne reste plus aujourd'hui que deux paroisses, l'une principale, Notre-Dame, est un édifice du xive siècle ; on y remarque sur l'autel un tableau curieux, peint sur bois formant rétable, divisé en six volets, il représente la vie de la Vierge et est estimé un grand prix ; l'autre église, sous le vocable de Saint-Pierre, est succursale et n'a de curieux que son style romano-bizantin, ses bas-reliefs sur l'autel de la vierge d'une bonne exécution, et une charmante statue de Sainte-Marthe. Enfin un hôpital desservi par neuf sœurs de Charité de l'ordre de Saint-Vincent-de-Paul ; il contient trente lits, un ouvroir et une école gratuite de filles pour cent-vingts élèves.

L'Hôtel-de-Ville, assez vaste, occupe en grande partie l'emplacement de l'ancien couvent des ursulines. On y trouve une bibliothèque de six ou sept cents volumes, dont quelques-uns fort curieux, remontent à 1480. Indépendamment de la sous-préfecture, Montluçon possède un tribunal de première instance, un bureau de poste, une poste aux chevaux, un collége communal et plusieurs écoles et pensionnats. Un beffroi et une horloge publique dans la tour du château, deux beaux ponts dont l'un en pierre, traversant la rivière du Cher, qui n'était pas navigable, mais l'est devenue en partie depuis l'achèvement du canal du Cher, qui commence à Montluçon même et dont les premiers travaux datent de 1807. On estime qu'il arrive par cette voie environ cinq cents bateaux par mois chargés de pierres, de plâtre, de minerai, etc.

Montluçon n'a guère d'autre commerce que celui des produits de son territoire qui sont des grains, des fruits, des vins estimés, des légumes et des bestiaux. On vante le veau de Montluçon et le gibier des environs.

L'industrie fait cependant aussi chaque jour de louables efforts et prend une certaine extension. Il existe, depuis quelque temps, une verrerie à bouteilles et deux hauts-fourneaux, dont l'un est nouvellement construit à l'extrémité d'un des faubourgs, sur la route de Bourges; ses soufflets sont mus par une machine à vapeur de la force de deux cent cinquante chevaux; il fonctionne continuellement, sa coulée a lieu toutes les sept ou huit heures, et donne, par vingt-quatre heures, onze mille kilogrammes de fonte de fer d'excellente qualité. On y emploie cinquante à soixante ouvriers.

Vers le commencement du xvie siècle, il y avait à Montluçon une fabrique d'armes blanches et l'on citait ses épées.

L'histoire ne nous apprend rien sur l'origine de la ville de Montluçon qui est des plus anciennes, ce n'est qu'à dater du xe siècle que les notions s'éclaircissent. On sait qu'à cette époque il existait une baronie de Montluçon, qui, depuis le commencement du xiiie siècle, a toujours fait partie du Bourbonnais et du domaine des seigneurs de Bourbon, par suite du mariage d'une dame de Montluçon, nommée Béatrix, avec Archambaud VIII, seigneur de Bourbon. La ville, chef-lieu de cette baronie, a toujours été une des principales villes de cette province.

En 1171, les Anglais firent le siége de Montluçon et s'en emparèrent; ils étaient déjà alors maîtres de la Guienne et du Limousin. Philippe-Auguste, reprit cette ville en 1188. Depuis, comme presque toutes les villes du Bourbonnais, elle a figuré dans les guerres de la Praguerie et de la Ligue. Louis XI y passa et y séjourna avec son armée, elle fut plusieurs fois, notamment en 1576 et en 1578, frappée de contributions de guerre.

En 1266, Jean de Sully, archevêque de Bourges, y tint un concile provincial, ainsi que Gilbert, évêque de Limoges, en 1288.

Au nombre des droits féodaux dont jouissaient les seigneurs

de Montluçon, deux sont particulièrement remarquables par leur singularité. Par l'un, ils prélevaient une amende sur les femmes qui battaient leurs maris, et il paraît, dit un historien, que ce n'était pas le moindre de leur revenus ; l'autre est constaté par un acte de 1468, dont voici le texte :

Item in et super filia communi sensu videlicet viriles cognoscente quoscumque, cognoscente de novo, in villâ Montelucii veniente, quatuor denarios semel aut unum rumbum, vulgariter un pet, *super pontem de castro Montelucii solvendum.* Et l'on voit qu'à cette époque, Marguerite, dame de Montluçon, percevait ce droit.

La ville de Montluçon était autrefois une des dix-sept châtellenies du duché du Bourbonnais, et depuis une des sept élections de la généralité de Moulins, et aujourd'hui, chef-lieu d'arrondissement communal.

Au nombre des célébrités qui ont pris naissance dans cette ville, nous citerons les personnages suivants :

LOUIS PINELLE, né en 1440, mort, évêque de Maux, en 1516. Il fut successivement recteur du collége de Navarre, archidiacre de Bourges et grand vicaire de Paris ; il jouit d'une grande faveur auprès du roi Louis XII, qui faisait grand cas de son mérite.

ANTOINE MIZAUD, né vers 1520, d'abord médecin ; surnommé dans son temps l'Esculape de la France ; il se livra à toutes les rêveries de l'astrologie, et publia plusieurs ouvrages écrits en latin. Marguerite de Valois l'admit dans son intimité, il mourut à cinquante-huit ans, en 1578.

PIERRE PETIT, né en 1598, d'une famille dont le chef était contrôleur en l'élection de la ville, il fut un des savants les plus estimés de son siècle et grand mathématicien, ami de Descartes et de Blaise Pascal ; son mérite fut apprécié par Richelieu, et Louis XIV le nomma commissaire provincial de l'artillerie, chargé de plusieurs missions importantes, et plus tard intendant général des fortifications avec des lettres de noblesse.

Il a publié plusieurs ouvrages remarquables et mourut en 1677.

ANDRÉ DUMONT, conseiller au présidial de Moulins, mort en 1793.

CHABOT (de l'Allier), né en 1758, savant jurisconsulte, auteur d'un commentaire sur les successions.

BAUCAIRE DE PÉGUILLON, né en 1514, fut évêque de Metz ; il est auteur d'une histoire de France depuis le règne de Louis XI jusqu'à celui de Charles IX.

J.-B. BARJAUD, né en 1785, poëte et militaire, mort à Leipsick en 1812.

CHEVALIER, né en 1760, député à la Convention nationale, refusa de voter dans le procès de Louis XVI.

CHARLES MAZERON, né en 1800, jurisconsulte, auteur d'un ouvrage intitulé : *des Droits de la famille et du monopole universitaire*.

ADRIEN SÉGOND, né en 1769, capitaine de vaisseau, s'est rendu célèbre dans les combats des 24, 25 et 26 vendémiaire, an VII.

GILBERT DANIEL, né en 1785, militaire distingué, capitaine-commandant au 8e régiment de ligne, reçut un sabre d'honneur pour sa bravoure pendant les guerres de la Révolution.

ACHILE ALLIER, né en 1806, archéologue, peintre et historien, a fondé le journal l'*Art en Province*, et était un des collaborateurs du bel ouvrage l'*Ancien Bourbonnais*, publié à Moulins ; il est mort en 1836.

La ville de Montluçon est à six myriamètres six kilomètres de celle de Moulins.

Chamblet. — Étendue, 1,963 hectares ; — population, 599 habitants ; — maisons, 160. Petit bourg qui était fort peu important, mais qui prend chaque jour d'assez grands développements en population et en industrie. On y a découvert en 1840 une mine d'anthracite à une profondeur de cent mètres. Cette matière, très pure et d'une grande richesse en carbone, est employée plus avantageusement que les autres charbons à la cuisson de la chaux ; c'est à M. de Montagnat qu'est due la découverte de cette mine qu'il exploite lui-même par le moyen d'une machine à vapeur.

L'église de Chamblet est surmontée d'une tour, de style roman, élevée de vingt-quatre mètres au-dessus du sol et crénelée. A huit kilomètres de Montluçon.

Deneuille. — Étendue, 2,527 hectares ; — population, 626 habitants ; — maisons, 135. A un myriamètre deux kilomètres de Montluçon.

Désertines. — Étendue, 833 hectares ; — population, 1,161 habitants ; — maisons, 208. Bureau de poste, école primaire. A deux kilomètres de Montluçon.

Domérat. — Étendue, 3,556 hectares ; — population, 3,022 habitants ; — maisons, 715. Cette commune rurale, une des plus importantes du département sous le rapport de la population, l'est fort peu sous le rapport de l'industrie. Les habitants, uniquement occupés de culture vinicole, ont peu de relations étrangères, et leurs nombreuses habitations sont isolées et disséminées sur une grande étendue de territoire. A six kilomètres de Montluçon.

Lamaids. — Étendue, 801 hectares ; — population, 270 habitants ; — maisons, 76. Poste aux chevaux sur la route de Limoges. A un myriamètre deux kilomètres de Montluçon.

Lavaux-Sainte-Anne. — Étendue, 859 hectares ; — population, 447 habitants ; — maisons, 118. Sur les bords du Cher. Cette petite commune produit des vins de bonne qualité. On y trouve deux châteaux, une église en ruine et de frais et riants paysages. A quatre kilomètres de Montluçon.

Lignerolles. — Étendue, 1,151 hectares ; — population, 720 habitants ; — maisons, 193. Bourg sur le sommet d'une colline qui n'offre de curieux qu'une église de style roman assez incomplète. A huit kilomètres de Montluçon.

Néris. — Étendue, 5,065 hectares ; — population, 1,432 habitants ; — maisons, 400.

Ville importante sous les Romains et à laquelle aboutissaient plusieurs voies, entre autres, celle de Bourges à Clermont. L'immense quantité d'objets d'art, de fragments, d'édifices somptueux, de médailles et d'antiquités de tous genres, même encore épars sur le sol malgré le prodigieux emploi qu'on en a fait, atteste la magnificence primitive de cette cité qui possédait un théâtre ou cirque dont les vestiges indiquent toute la richesse et la somptuosité. La position géographique de Néris et les heureux effets de ses eaux thermales déterminèrent sans doute les conquérants des Gaules à former en cet endroit un de leurs principaux établissements.

Plusieurs fois détruite et rétablie et définitivement saccagée par les Normands, la ville de Néris n'était plus, au temps de Grégoire de Tours, qu'une simple bourgade où un prêtre du Berri avait fondé un couvent de filles. Longtemps on put croire que les eaux furent abandonnées, du moins, dans tout le cours du moyen-âge, les historiens n'en font presqu'aucune mention ; ce n'est que vers la fin du xve siècle que l'usage des bains et des eaux thermales reprit faveur et ramena peut-être des étrangers et quelque prospérité nouvelle à Néris. Mais, toutefois, ce n'est que depuis un petit nombre d'années que ce village a repris l'aspect d'une ville nouvelle et florissante, surtout pendant la saison des eaux, qui y amène tous les ans une très grande affluence de monde élégant. Aussi a-t-on fait, depuis quelque temps, des constructions considérables et des embellissements pour rendre ce lieu plus agréable et plus commode aux visiteurs qui y trouvent maintenant tout le confortable qu'ils peuvent désirer.

ÉGLISE DE NÉRIS
(Canton de Montluçon)

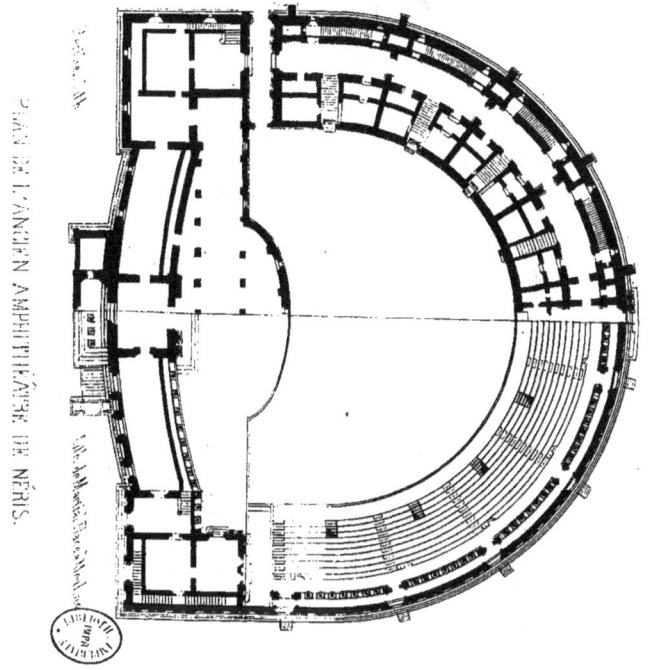

PLAN DE L'ANCIEN AMPHITHÉATRE DE NÉRIS.

RESTES DE L'AMPHITHÉÂTRE DE NÉRIS

La ville de Néris actuelle est divisée en deux parties, l'une bâtie à mi-côteau est la ville haute, l'autre au pied du côteau dans la vallée est la ville basse ; celle-ci est bien bâtie ; c'est là où se trouvent les bains et les hôtels : la ville haute n'a de remarquable que l'église paroissiale qui date de la fin du xie ou du commencement du xiie siècle, et présente divers styles.

Les sources de Néris sont des sources d'eaux chaudes extrêmement abondantes, elles alimentent quatre puits qui ont chacun leur nom ; deux de ces sources se sont produites seulement dans le siècle dernier, l'une a jailli tout-à-coup du sol en 1749 ; l'autre, au moment du tremblement de terre mémorable qui renversa la ville de Lisbonne et se fit sentir très vivement en France et surtout à Néris, s'éleva au milieu du grand bassin en forme de grosse colonne, plus d'un mètre au-dessus de la surface, avec un grand bruit souterrain, jettant au dehors beaucoup de pierres et de sable qui encombrèrent les bains des pauvres. Ces sources, fortes et abondantes, se réunissent dans un grand bassin de forme ovale, d'où elles s'écoulent par divers canaux dans l'établissement thermal et dans les maisons particulières qui les exploitent. Elles alimentent aussi un hôpital desservi par des religieuses de l'ordre de Saint-Vincent-de-Paul où sont reçus chaque année plus de deux cents malades indigents qui sont logés, nourris et médicamentés gratuitement.

Les eaux de Néris ont une température qui varie de 49 à 52 degrés, elles dégagent abondamment à la source le gaz azote à l'état de pureté, elles contiennent en petite quantité du carbonate de soude, du muriate de soude et quelques parties de chaux et de silice. Elles conviennent au traitement des paralysies, des rhumatismes et des affections nerveuses ; on les applique en bains, douches et en boissons.

On trouve dans l'établissement thermal un cercle, des salons de danse et de musique et une bibliothèque.

Les environs de Néris offrent des promenades charmantes et des paysages délicieux.

FRANÇOIS FORICHON, prêtre théologien et philosophe, est né à Néris en 1800, et a publié un *Examen des questions scientifiques de l'âge du monde.*

Néris est à sept kilomètres de Montluçon.

Prémillat. — Étendue, 2,043 hectares ; — population, 570 habitants ; — maisons, 135. Village traversé par une route nationale et une départementale. On y trouve des carrières de quartz et de moëllons. A quatre kilomètres de Montluçon.

Quinsaines. — Étendue, 2,556 hectares ; — population, 750 habitants ; — maisons, 189. On y voyait un vieux château. A huit kilomètres de Montluçon.

Saint-Angel. — Étendue, 2,526 hectares ; — population, 576 habitants ; — maisons, 129. A huit kilom. de Montluçon.

Saint-Victor. — Étendue, 2,252 hectares ; — population, 813 habitants ; — maisons, 190. Mine d'antimoine. A quatre kilomètres de Montluçon.

Teillet. — Étendue, 2,194 hectares ; — population, 858 habitants ; — maisons, 225. A un myriamètre deux kilomètres de Montluçon.

Vaux. — Étendue, 1,765 hectares ; — population, 756 habitants ; — maisons, 157. Village sur la rive droite du Cher. A un myriamètre de Montluçon.

Verneix. — Étendue, 3,092 hectares ; — population, 792 habitants ; — maisons, 175. A huit kilomètres de Montluçon.

CANTON DE CÉRILLY.

Étendue, 34,339 hectares divisés en treize communes, savoir : Cérilly, Ainay-le-Château et Saint-Benin réunies, Bardais, Braize, Isle-sur-Marmande, Létclon, Meaulne, Saint Bonnet-le-Désert, Theneuille, Urçay, Valigny, Le Vilhain et Vitray, dont la population totale est d'environ 10,952 habitants. Le sol est généralement granitique et calcaire; pays de petite culture, céréales, châtaignes, bestiaux d'exploitation, bois, prés et étangs. On y trouve située la forêt nationale de Tronçais, qui contient environ 10,000 hectares.

Cérilly. — Etendue, 7,065 hectares ; — population, 2,387 habitants; — maisons, 502. — Jolie petite ville sur la rive droite de la Marmande, chef-lieu du canton. Quoiqu'il soit question d'un nommé Royer, seigneur de Cérilly, dans un acte daté de 1147, l'histoire ne fait mention de la ville de Cérilly que vers l'année 1568. Elle fut alors prise par les protestants, elle fut mise au pillage, les habitants massacrés et les maisons détruites; plus tard, elle prit aussi une bonne part aux guerres de la Fronde. La population de la ville est beaucoup plus considérable maintenant qu'elle ne l'était au moyen-âge, et son industrie a fait quelques progrès. Elle avait autrefois une maîtrise des eaux et forêts qui était très importante, à cause de la grande quantité de bois que possède la commune et qui existe dans les environs. On y trouvait, il y a quelque temps, une fabrique assez prospère de draps qu'on appelait Bouchieste, du nom du chef de la fabrique, et on y tient un assez grand nombre de foires pour les bestiaux.

L'église est en grande partie du style roman ; dans l'intérieur, on voit un Saint-Sépulcre ou Calvaire fait, en 1692, aux frais de Pierre l'Escuyer, archiprêtre de Hérisson et curé de Cérilly. Le donataire y figure au nombre des adorateurs du Sauveur, et l'artiste paraît avoir modelé sa tête avec une exactitude peut-être trop scrupuleuse, il en a fait un modèle de décrépitude.

A deux kilomètres de Cérilly, on trouve les fontaines d'eaux minérales de la Trollière et de Saint-Pardoux, qui sont réputées pour fortifier l'estomac ; elles s'exploitent en bouteilles et s'expédient dans tout le Bourbonnais.

Cérilly est la patrie de PÉRON, naturaliste-voyageur, un des plus célèbres de nos jours, à la mémoire duquel on a élevé un monument surmonté de son buste en bronze.

Cérilly est à deux myriamètres deux kilomètres de Montluçon.

Ainay-le-Château. — Etendue, 2,406 hectares ; — population, 1,607 habitants ; — maisons, 400. — Petite ville située dans un vallon sur la rivière de Sologne, près de son confluent avec la Marmande. Elle doit son surnom à un ancien château bâti à une des extrémités de son enceinte murale, par Archambaud IX, à ce qu'on croit, et qui fut ruiné dans le XVIe siècle par les protestants, qui prirent la ville et la saccagèrent. Cette ville eut encore beaucoup à souffrir, en 1590, en 1650 et en 1652, des guerres intérieures qui désolèrent le pays. A l'exception d'une porte surmontée d'un beffroi en assez mauvais état, il n'existe plus rien, ni des murs ni du château, qui puisse donner une idée de l'importance d'Ainay au moyen-âge. L'église paroissiale offre quelques parties du style du XIe siècle et quelques parties du XVe, ainsi qu'un portail de la Renaissance, le tout peu digne de remarque. On trouve dans cette ville des fabriques de draps et on y fait commerce de bois.

Ainay était une des plus considérables châtellenies de l'ancien duché de Bourbonnais ; elle fut donnée, en 1571, à Diane,

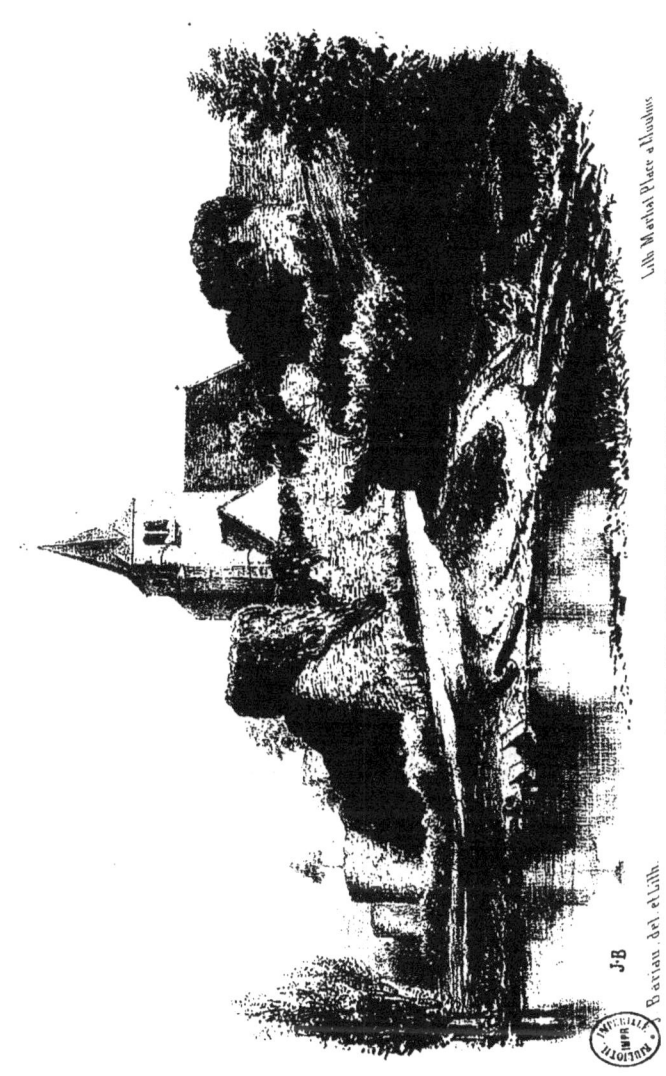

MUR D'ENCEINTE ET CLOCHER D'AINAY-LE-CHATEAU
(Canton de Cérilly)

légitimée de France, fille naturelle de Henri II. A quatre myriamètres de Montluçon.

Bardais. — Etendue, 2,011 hectares ; — population, 343 habitants ; — maisons, 106. A quatre myriamètres de Montluçon.

Braise. — Etendue, 2,094 hectares ; — population, 443 habitants ; — maisons, 109. Fabrique de pointes et tréfilerie alimentée par les fers de Tronçais.

Isle-sur-Marmande. — Etendue, 630 hectares ; — population, 118 habitants ; — maisons, 194. A trois myriamètres deux kilomètres de Montluçon.

L'Etelon. — Etendue, 630 hectares ; — population, 378 habitants ; — maisons, 108. A deux myriamètres deux kilomètres de Montluçon.

Meaulne. — Etendue, 2,066 hectares ; — population, 1,066 habitants ; — maisons, 249. Petite ville sur les rivières d'Aumance et du Cher. On y fait commerce de bestiaux, de vins et de fourrages ; on y remarque un pont bien construit, et, près de là, les ruines sauvages du château de la Roche. A un myriamètre six kilomètres de Montluçon.

Saint-Bonnet-le-Désert. — Etendue, 2,796 hectares ; — population, 1,117 habitants ; — maisons, 263.

Village sur la rivière de Salogne, à peu de distance de la forêt nationale de Tronçais, une des plus importantes du département de l'Allier, et qui contient au moins 10,000 hectares. Jusque vers la fin du siècle dernier, cette forêt, privée, par sa position, de communications faciles et de débouchés, rapportait à peine au gouvernement de quoi couvrir les frais de surveillance ; ce déplorable état de choses excita plusieurs fois l'attention sérieuse des administrateurs et des ministres ; plusieurs projets et diverses ordonnances à ce sujet n'avaient amené que fort peu d'améliorations; enfin, après beaucoup de lenteurs et de retards, ce ne fut qu'en 1780 que M. Rambourg fut chargé d'un voyage métallurgique dans le Bourbonnais, et, en même temps, de faire un nouvel examen de la forêt de Tronçais et des environs. Cet homme habile reconnut qu'il n'y avait qu'un seul moyen, c'était d'y établir des forges et des fourneaux, d'autant plus qu'on trouvait dans la localité de nombreux minerais de fer de la meilleure qualité. Il démontra, dans un mémoire, la possibilité de réussir, malgré toutes les difficultés qu'on pouvait objecter, et qui, jusqu'alors, avaient découragé tout le monde, et il fut chargé de l'entreprise qui fut commencée dès la même année.

M. Rambourg vint s'établir sur les lieux avec cinq cents ouvriers et se mit à l'œuvre. La première pierre de construction fut posée en août 1780, et la première fonte de fer eut lieu à la fin de l'année 1790. Cet homme de génie put ainsi, avec une constance et une activité digne des plus grands éloges, fonder, malgré des obstacles de tous genres, dans un lieu des plus déserts et privé jusqu'alors de tout accès praticable, un des plus beaux établissements en ce genre que puisse offrir la France : il se compose de six étangs, de deux hauts-fourneaux, de neuf feux d'affinerie d'après un nouveau système, de fonderies, fours à réverbères, fonderies, lamineries, machines à vapeur, etc., etc.; il produit annuellement environ 1,800,000 kilogrammes de fer de toutes espèces et de première qualité; on y emploie près de 60,000 stères de bois pris dans la forêt de Tronçais, et on y occupe aujourd'hui deux cents ouvriers à l'intérieur et quatre cents à l'extérieur. Enfin, il s'est formé là un village qui compte au moins 950 habitants et dépend de la commune de Saint-Bonnet-le-Désert. A trois myriamètres huit kilomètres de Montluçon.

ÉGLISE D'URÇAY
(Canton de Cérilly)

Theneuille. — Etendue, 3,972 hectares; — population, 1,000 habitants; — maisons, 239. Gros bourg sans monuments et sans souvenirs. Près de là, on retrouve, au milieu des champs, quelques légers vestiges de l'ancienne châtellenie de la *Bruyère-l'Aubépin* et de son château-fort, pris en 1445 par les Anglais, vendu depuis à Jacques Cœur par Charles VII, puis démoli en 1598, et la châtellenie transférée à Cérilly. A deux myramètres huit kilomètres de Montluçon.

Urçay. — Etendue, 1,243 hectares; — population, 532 habitants; — maisons, 173. Joli bourg sur les bords du Cher et sur la route nationale de Bourges à Clermont. A trois myriamètres six kilomètres de Montluçon.

Valigny. — Etendue, 2,086 hectares; — population, 852 habitants; — maisons, 216. Village situé sur la rivière d'Aurou. A quatre myriamètres trois kilomètres de Montluçon.

Vilhain. — Etendue, 2,632 hectares; — population, 721 habitants; — maisons, 127. Cette commune possède une belle église à trois nefs, bâtie, dit-on, par les Templiers; une belle maison d'école construite nouvellement, et une fontaine dédiée à Saint-Martin, à laquelle on attribue la vertu de guérir la fièvre quarte. A trois myriamètres de Montluçon.

Vitray. — Etendue, 2,892 hectares; — population, 321 habitants; — maisons, 70. A trois myriamètres quatre kilomètres de Montluçon.

CANTON D'HÉRISSON.

Etendue, 44,278 hectares divisés en dix-huit communes : Hérisson, Audes, Bizeneuille, Le Brethon, Cosne, Estivareilles, Givarlais, Louroux-Bourbonnais, Louroux-Hodement, Maillet, Massigny, Neuville, Reugny, Saint-Caprais, Sauvagny, Tortezais, Vallon et Venas, dont la population totale est d'environ 12,923 habitants. Le sol est généralement granitique; cependant, on y trouve le feldspath pétonzé. Les principaux produits sont les céréales, les châtaignes et les bestiaux; on y trouve aussi d'assez vastes forêts dont on exploite les bois.

Hérisson. — Etendue, 3,915 hectares; — population, 1,582 habitants; — maisons, 283. Petite ville sur la rive droite de l'Aumance, chef-lieu du canton, regardée comme très ancienne et une des premières possessions des Bourbons. Cependant, il paraît qu'au xii° siècle elle n'était pas paroisse, car elle n'était desservie, pour le spirituel, que par un chapelain; ce ne fut qu'au xiii° siècle que le duc Archambaud VIII y établit un chapitre de vingt chanoines et de vingt-deux prébendiers qu'il dota richement.

La ville d'Hérisson est dans une position très pittoresque et favorable comme poste militaire, étant défendue, d'un côté, par la rivière qu'on traverse sur un beau pont, et de l'autre, par un mamelon de rochers sur lequel était placé le château, forteresse composée d'une enceinte de murs crénelés hors de portée d'échelle, formant un pentagone irrégulier flanqué de huit tours, avec un fort donjon dominant sur le tout. Ce château fut longtemps la résidence d'Agnès de Bourgogne,

RUINES DU CHATEAU D'HÉRISSON

femme de Charles Ier, même pendant son veuvage, qui dura plus de vingt ans.

Hérisson était le chef-lieu d'une des dix-sept châtellenies du Bourbonnais, et fut souvent exposée aux désastres des guerres suscitées par les Anglais et des guerres de la Fronde et de religion, qui ont causé sa ruine et celle de son château, dont il ne reste plus que de beaux vestiges qui méritent d'être visités. L'église aussi présente quelque intérêt. On cite encore dans les environs, à peu de distance de la ville, les châteaux du Creux et ses magnifiques jardins, de la Roche et de Montchenu, et enfin, l'emplacement de l'ancienne cité de *Cordes*, cité romaine ruinée par les Goths, dont Nicolaï et de Caylus ont parlé assez longuement, et dont le sol est encore jonché de débris antiques.

Les productions principales de la commune sont le bois, le seigle, le froment et de bons fourrages; on y trouve des fabriques de serge, de toiles; on y exploite des carrières de kaolin qui est dirigé sur la fabrique de porcelaine de Lurcy-Lévy.

La ville possède un bureau de poste et un hospice.

Pierre Bisot, chanoine, né à Hérisson vers 1630, fut un érudit qui s'occupa beaucoup d'archéologie : il a publié une histoire métallique de la République de Hollande que les savants aiment à consulter encore; il mourut en 1696.

Hérisson est à un myriamètre six kilomètres de Montluçon.

Audes. — Etendue, 2,772 hectares; — population, 732 habitants; — maisons, 164. Village situé dans un pays pierreux, et dont les maisons se groupent agréablement au milieu de quelques sapins et d'arbres dont la verdure contraste avec la teinte rougeâtre et le nud du sol. On y remarque les restes (l'abside) d'une église romane. A un myriamètre cinq kilomètres de Montluçon.

Bizeneuille. — Etendue, 2,943 hectares; — population,

682 habitants ; — maisons, 156. Village où l'on fait commerce de bois et de fourrages. A un myriamètre deux kilomètres de Montluçon.

Le Brethon. — Etendue, 4,480 hectares ; — population, 951 habitants ; — maisons, 242. Une partie de la forêt de Tronçais dépend de cette commune ; le bois est sa principale production ; cependant, on y récolte aussi des foins, du seigle, beaucoup de noix et on y engraisse de gros bestiaux.

Cosne. — Etendue, 2,501 hectares ; — population, 1,200 habitants, maisons, 221. Bourg un des plus considérables du Bourbonnais, au confluent des rivières de l'OEuil et de l'Aumance ; son origine est ancienne. On trouve souvent cité le nom de ses seigneurs dans les transactions faites par les ducs de Bourbon au xiie siècle, et il dut sans doute son importance à une route qui le traversait et conduisait de Lyon à Poitiers, très fréquentée alors. On l'appelle Cosne-en-Bourbonnais pour le distinguer de Cosne-sur-Loire, qui fait aujourd'hui partie du département de la Nièvre. Il n'y a de célèbre dans l'histoire de Cosne que ses nombreuses foires où il se faisait et se fait encore un grand commerce de bestiaux et de vins.

L'église paroissiale actuelle était primitivement l'église d'une commanderie de l'ordre de Saint-Jean-de-Jérusalem, et faisait partie d'un emplacement fortifié qui renfermait le logis des chevaliers ; on n'y parvenait que par un pont-levis et il était défendu par une grosse tour qui dominait tout le bourg. A un myriamètre six kilomètres de Montluçon.

Estivareilles. — Etendue, 1,126 hectares ; — population, 671 habitants ; — maisons, 161. On voit peut-être encore dans ce village ce qu'on appelait un *lampier*, espèce de tourelle terminée par une voûte légèrement conique et présentant une ouverture, du côté du levant, dans laquelle, dit-on, on plaçait,

ÉGLISE DE CHATELOI.
(Canton d'Issoire.)

jour et nuit, une lampe allumée pour que les habitants, dans les temps de peste, pussent y venir chercher du feu sans communiquer entre eux et éviter ainsi la contagion. On y récolte des vins et des fruits renommés, surtout les pêches et les prunes. A un myriamètre de Montluçon.

Givarlais. — Etendue, 1,414 hectares; — population, 521 habitants; — maisons, 100. Des seigles, des vins d'assez bonne qualité et quelques fourrages sont les principales productions de cette commune. A huit kilomètres de Montluçon.

Louroux-Bourbonnais. — Etendue, 3,381 hectares; — population, 770 habitants; maisons, 149. Une partie de la forêt de Solongy dépend de cette commune. On y engraisse de gros bestiaux et on y fait commerce de bois et de foins. A deux myriamètres de Montluçon.

Louroux-Hodement. — Etendue, 2,902 hectares; — population, 518 habitants; — maisons, 147. Une partie de la belle forêt de l'Espinasse dépend de cette commune. Mêmes productions et même commerce que dans la commune précédente. A deux myriamètres de Montluçon.

Maillet. — Etendue, 2,651 hectares; — population, 584 habitants; — maisons, 99. Village dont l'église est remarquable : elle offre des parties des Xe et XIIe siècles; on y remarque l'abside voûtée en cul-de-four, le clocher à ouvertures cintrées fort étroites, le portail dont le tympan offre en relief le Christ et les douze apôtres, enfin, des chapiteaux byzantins d'un travail fort curieux. A un myriamètre deux kilomètres de Montluçon.

Nassigny. — Etendue, 1,852 hectares; — population, 362 habitants; — maisons, 73. On aperçoit, située à mi-côte, son église et un ancien manoir. A un myriamètre six kilomètres de Montluçon.

Neuville.— Etendue, 1,152 hectares; — population, 164 habitants; — maisons, 28. A un myriamètre deux kilomètres de Montluçon.

Reugny.— Etendue, 700 hectares; — population, 311 habitants; — maisons, 58. Village traversé par la rivière du Cher et la route nationale de Paris à Clermont; on y fait un assez fort commerce de vins, de froment, de chanvre et de noix. A un myriamètre deux kilomètres de Montluçon.

Saint-Caprais.— Etendue, 1,993 hectares; — population, 390 habitants; — maisons, 68. Une partie de la forêt de Salongy dépend de cette commune, où l'on récolte des seigles, des avoines, des noix et des foins. A deux myriamètres de Montluçon.

Sauvagny.— Etendue, 1,941 hectares; — population, 308 habitants; — maisons, 53. A un myriamètre quatre kilomètres de Montluçon.

Tortezais. — Etendue, 2,415 hectares; — population, 507 habitants; — maisons, 104. A un myriamètre huit kilomètres de Montluçon.

Vallon.— Etendue, 3,735 hectares; — population, 1,003 habitants; — maisons, 198. Bourg traversé par les rivières du Cher et de l'Aumance, par le canal du Berri, par la route nationale de Bourges à Clermont et par la route de grande communication de Tours à Lyon. On y trouve un port et une gare qui sert de dépôt aux marchandises et aux divers produits de la contrée. L'église de Vallon est remarquable par son

EGLISE DE VALLON.
(Canton d'Hérisson.)

étendue, ses trois absides romanes, et surtout par son beau clocher surmonté d'une flèche élevée. On exploite, dans cette commune, deux carrières de pierres de taille assez estimées. Le beau château du Creux, bâti à la fin du xviii° siècle par M. de Fougierre, gouverneur des enfants de France, dont nous avons parlé ci-dessus à l'article *Hérisson*, est situé sur cette commune. A deux myriamètres quatre kilomètres de Montluçon.

Venas. — Etendue, 3,135 hectares; — population, 778 habitants; — maisons, 166. Les productions sont les bois, les fourrages, le seigle et le froment, l'orge et l'avoine, le poisson et des engrais de tout genre. A un myriamètre six kilomètres de Montluçon.

CANTON D'HURIEL.

Etendue, 37,845 hectares divisés en quatorze communes, savoir : Huriel, Archignat, Chazemais, Courçais, Lachapelaude, Lachapelotte, Mesples, Nocq, Saint-Désiré, Saint-Martinien, Saint-Palais, Saint-Sauvier, Treignat et Viplaix, dont la population totale est d'environ 12,925 habitants. Le sol est généralement granitique avec quelques coulées volcaniques; les productions en sont variées.

Huriel. — Etendue, 5,492 hectares ; — population, 2,918 habitants ; — maisons, 704. Gros bourg, chef-lieu de canton, situé sur un plateau très élevé, dominé à l'ouest par des côteaux très arides ; à l'est et au sud , la vue s'étend sur toute la vallée du Cher et sur le cours de la rivière. Par là passait primitivement la voie militaire de Lyon à Bordeaux : c'était le *grand chemin* de France très sujet au passage des troupes, qui fut si fréquent sous le règne de Henri II, que ce prince accorda, comme dédommagement, aux habitants, remise d'une année du paiement des tailles.

Au xiie siècle, Huriel avait des seigneurs particuliers, dont l'un figura honorablement dans les guerres que Louis-le-Gros eut à soutenir contre le Berri. Mais la famille la plus célèbre qui ait possédé Huriel est la famille *De Brosse*; plusieurs seigneurs de cette maison ont rempli de hauts emplois à la cour et dans les armées des rois de France : l'un d'eux fut maréchal de France, comte de Penthièvre; un autre, duc d'Etampes; cependant, la terre d'Huriel ne cessa pas d'être tributaire des

CHATEAU D'HURIEL.

ducs de Bourbon. C'est aux De Brosses que ce bourg, qui avait alors le titre de ville, dut une grande partie de son agrandissement et de son importance.

Après avoir appartenu aux De Brosse pendant trois siècles, de 1256 à 1512, la terre d'Huriel passa à Jacques Hurtaut, conseiller du roi; depuis, en 1615, elle fut vendue à Blaise de Verneuil; vingt ans après, elle devenait la propriété de Thomas Lelièvre, président au grand conseil; enfin, en 1673, acquise par Jeannot de Bartillat, cette antique baronnie fut érigée en marquisat, sous le titre de *Huriel de Bartillat*.

On croit que les Romains avaient quelqu'établissement en ce lieu, parce qu'on y a trouvé souvent des murs et des fondations antiques, des médailles impériales, des briques et des poteries.

On y voit encore les ruines d'un château-fort qui consistait en une enceinte carrée flanquée aux angles d'une tour ronde, et contenant un énorme donjon carré, soutenu de puissants contreforts, construit en granit gris, et dont les murs avaient plus de deux mètres d'épaisseur.

L'église paroissiale actuelle mérite aussi d'être citée, quoiqu'elle soit mutilée et incomplète; elle date du XI° siècle. Comme elle est bâtie en granit, on n'y trouve point de sculptures; elle renferme une grille en fer, formant clôture du chœur, que l'on croit de l'époque de la fondation, et un bénitier en granit gris, sur lequel sont grossièrement sculptés une colombe et un serpent.

Jacques Portier, avocat, lieutenant civil en la ville d'Huriel, et né dans cette ville, a acquis quelque réputation comme jurisconsulte, et a publié un *Commentaire sur les Coutumes du Bourbonnais*, imprimé à Moulins, en 1701.

Claude Colombau Chatard, professeur de rhétorique, auteur d'une tragédie intitulée : *Duguesclin à Auray*, était aussi né à Huriel, en 1812, et est mort en 1841. Huriel est à un myriamètre de Montluçon.

Archignat. — Etendue, 2,434 hectares; — population, 614 habitants; — maisons, 145. On trouve dans cette commune un point élevé, d'où l'on aperçoit facilement, avec une lunette longue vue, les tours de la cathédrale de Bourges qui sont à neuf myriamètres de distance. Près de ce village, on trouve des monuments druidiques qui sont décrits dans l'ouvrage de M. Baraillon. A un myriamètre six kilomètres de Montluçon.

Chazemais. — Etendue, 2,910 hectares; — population, 727 habitants; — maisons, 169. Commerce de bois, seigle et châtaignes. A un myriamètre deux kilomètres de Montluçon.

Courçais. — Etendue, 8,650 hectares; — population, 657 habitants; — maisons, 150. Produit des grains et une grande quantité de fruits et de châtaignes. A un myriamètre six kilomètres de Montluçon.

La Chapelaude. — Étendue, 2,860 hectares; — population 1,200 habitants; — maisons, 282. Fort village dont l'emplacement est regardé comme ayant été occupé par les Romains, et on montrait naguère à l'appui de cette opinion, près la petite rivière de la Meuselle, des restes d'un pont dont les assises sans ciment, sont si régulières et si bien ajustées, qu'on doit les croire antiques. La commune actuelle doit son origine à un prieuré qui existait dès l'an 1066, et qui est célèbre dans les chroniques du Berri par les querelles scandaleuses que suscita la possession de son territoire. Il y a peu d'années on voyait et l'on voit peut-être encore d'assez importantes constructions dépendantes de ce prieuré, des oubliettes, des caves solidement voûtées et une tour où, dit-on, les moines rendaient la justice. Il y eut aussi un monastère de Bénédictins fort riche, dont l'église de style bizantin subsiste encore. Aujourd'hui la Chapelaude, qu'on nommait autrefois *Chapelle*

Aude, est encore une commune assez importante dont les paisibles habitants se livrent exclusivement à l'agriculture et à l'éducation des bestiaux. A un myriamètre de Montluçon.

La Chapelette. — Étendue, 1,282 hectares ; — population, 332 habitants ; — maisons, 47. A un myriamètre huit kilomètres de Montluçon.

Mesples. — Étendue, 1,527 hectares ; — population, 250 habitants ; — maisons, 71. A deux myriamètres deux kilomètres de Montluçon.

Nocq. — Étendue, 2,857 hectares ; — population, 880 habitants ; — maisons, 197. Le territoire de cette commune produit abondamment le bois, les seigles, le froment, l'avoine, le sarrasin, et la vigne surtout y prospère. Dans un des hameaux, nommé Chambérat, il existe une fontaine qu'on appelle fontaine de Rouyat, dont les eaux médicinales sont très recherchées des habitants ; on y fabrique aussi d'excellents fromages. Près de là, dans un bois, existe quelques ruines d'une ancienne chapelle bâtie sur une espèce d'îlot entouré d'eau. L'église de la paroisse est placée sur des rochers élevés entre trois précipices, c'est là ce qu'on appelle particulièrement le Nocq, car l'ancien bourg porte aujourd'hui le nom de *Pardeux.* Les habitants vivent retirés, se communiquent peu et sont accusés d'être moins civilisés que ceux des communes voisines. On tient à Chambérat une belle foire le lundi de l'Assomption, où se réunit un grand concours de monde, ainsi qu'à la fête patronale de Saint-Marcel, signalée entr'autres jeux par des courses de chevaux exécutées par les jeunes gens à travers les rochers et les précipices. On trouve dans cette commune une tuilerie et une briquerie en pleine activité. A un myriamètre quatre kilomètres de Montluçon.

Saint-Désiré. — Étendue, 4,187 hectares ; — population,

899 habitants ; — maisons, 175. Commune renommée pour l'abondance et la bonne qualité des châtaignes; on y exploite une mine de fer pour les hauts-fourneaux de Montluçon et de Tronçais. A deux myriamètres de Montluçon.

Saint-Martinien. — Étendue, 2,548 hectares ; — population, 744 habitants ; — maisons, 177. A un myriamètre de Montluçon.

Saint-Palais. — Étendue, 2,052 hectares ; — population, 652 habitants ; — maisons, 161. Les produits de toute espèce de culture y sont très abondants et on y fabrique du cidre que les habitants échangent contre des vins des environs. A deux myriamètres cinq kilomètres de Montluçon.

Saint-Sauvier. — Étendue, 5,147 hectares ; — population, 1,190 habitants ; — maisons, 246.

Cette commune, partagée en deux autrefois, dépendait pour une partie du Berri et était soumise à la juridiction du seigneur de la Roche-Guillebaut, et, pour l'autre partie du Bourbonnais, était soumise à la juridiction du seigneur de Vieille-Vigne. Pendant la première Révolution française, réunie toute entière au département de l'Allier, elle fut érigée en chef lieu de canton et depuis annexée définitivement au canton d'Huriel ; elle en est une des communes les plus importantes, tant par sa population que par ses produits qui consistent en froment, seigle, sarrasin, chanvre, beaucoup de châtaignes qui sont exportées, en fruits dont on fait du cidre; on y trouve des bois-taillis et des futaies qui produisent des bois merrains, des sabots, du charbon, etc. ; le gibier, les chevreuils et les sangliers y abondent.

Dans un hameau appelé Saint-Rémi, dépendant de cette commune, il existait près d'une source une chapelle sous le titre de Notre-Dame-des-Pierres, où il s'était établi un pèlerinage qui avait lieu tous les ans, le 24 juin. Là, au milieu des fêtes, des plaisirs, des bombances de tout genre, la foule de pélerins se portait auprès d'une mare, formée par l'eau de la fontaine, et plus de cent femmes, les jupons retroussés au-dessus des genoux, barbottaient dans cette eau bourbeuse, troublée par leurs piétinements, s'en lavaient les jambes, les bras, les épaules, les seins; c'était des vieilles femmes courbées, ridées, que la vie allait quitter; des jeunes filles dévorées par trop de vie; des nouvelles épouses qui y puisaient l'espérance; des nuées d'enfants plongés nus dans l'onde glaciale, enfin une foule d'infirmes, de boiteux, manchots, perclus, aveugles, etc., s'agitant tous avec plus ou moins de foi dans ce bain qui devait les régénérer. En 1827 ou 1828, l'autorité civile et ecclésiastique a défendu ce pélerinage et interdit la chapelle. Depuis quelque temps, une foire où l'on loue des domestiques a remplacé le même jour et au même lieu l'ancien pélerinage.

L'église de Saint-Sauvier remonte à la fin du XIIIe ou au commencement du XIVe siècle, son clocher a trente-deux mètres d'élévation. A deux myriamètres quatre kilomètres de Montluçon.

Traignat. — Étendue, 2,894 hectares; — population, 885 habitants; — maisons, 205. Commune remarquable par l'activité et l'aisance de ses habitants et par une foire où il se vend une grande quantité de fromages, dits de Chambérat; près de là on voit le beau château de Sàge. A un myriamètre six kilomètres de Montluçon.

Viplaix. — Étendue, 5,039 hectares; — population, 857 habitants; — maisons, 180. Cette commune, qui alors était une ville, fut donnée à l'abbaye de Saint-Denis par Childéric Ier, et la charte conservée aux archives de Bourges est la plus ancienne connue concernant le Bourbonnais. A deux myriamètres de Montluçon.

CANTON DE MARCILLAT.

Étendue, 24,718 hectares divisés en treize communes qui sont : Marcillat, Arpheuilles-Saint-Priest, Durdat, Lacelle, la Petite-Marche, Mazirat, Ronnet, Saint-Fargeol, Saint-Genest, Saint-Marcel en-Marcillat, Sainte-Thérence, Terjat et Villebret, dont la population totale est de 10,756 habitants. Ce canton est le plus éloigné du chef-lieu, le sol y est montagneux, ses productions sont le seigle, les bois et les châtaignes ; il y a peu d'industrie et de commerce.

Marcillat. — Étendue, 3,521 hectares ; — population, 1,704 habitants, maisons, 417. Bourg à une des extrémités du Bourbonnais, et qui n'a joué aucun rôle dans l'histoire ; il dépendait jadis de la châtellenie de Montluçon. L'église est petite et peu remarquable ; il y a un ancien château appartenant à la famille de Durat, dont plusieurs membres ont occupé des emplois honorables sous les ducs de Bourbon et sous les rois de France. Ce château réparé et augmenté récemment renferme une belle collection d'antiquités gallo-romaines, recueillies à Néris, et on a établi dans les dépendances deux filatures de laines qui occupent de vingt à trente ouvriers. A deux myriamètres de Montluçon.

Arpheuilles-Saint-Priest. — Étendue, 1,894 hectares ; — population, 1,087 habitants ; — maisons, 192. A un myriamètre deux kilomètres de Montluçon.

CHATEAU DE MARCILLAT.
(Chef-lieu de Canton).

ÉGLISE DE DURDAT
(Canton de Marcillat)

Durdat.— Étendue, 2,445 hectares ; — population, 1,075 habitants ; — maisons, 260. A un myriamètre de Montluçon.

Lacelle.— Étendue, 3,120 hectares ; — population, 1,088 habitants ; — maisons, 304. A un myriamètre six kilomètres de Montluçon.

La Petite-Marche.— Étendue, 1,493 hectares ; — population, 826 habitants ; — maisons, 254. A un myriamètre six kilomètres de Montluçon.

Mazirat. — Étendue, 2,025 hectares ; — population, 819 habitants ; — maisons, 191. A un myriamètre deux kilomètres de Montluçon.

Ronnet. — Étendue, 1,988 hectares ; — population, 554 habitants ; — maisons, 129. A un myriamètre quatre kilomètres de Montluçon.

Saint-Fargeol.— Étendue, 1,036 hectares ; — population, 554 habitants ; — maisons, 129. Village situé sur un plateau assez élevé et cependant malsain en hiver à cause des eaux stagnantes. L'église assez belle, a été rebâtie en 1836 aux frais des habitants. On trouve à Saint-Fargeol de nombreuses fabriques d'étoffes de laine qui fournissent du travail à tous les habitants, même aux femmes et aux enfants, qui filent la serge. Il y a des établissements qui consomment jusqu'à 2,500 kilogrammes de laine ; les étoffes se vendent aux foires de Pionsat (Puy-de-Dôme), Montaigu, Évaux, Huriel, Montluçon, etc. ; un grand nombre d'hommes, maçons de leur état, émigrent tous les ans de cette commune, pendant neuf mois, et y rapportent un certain bien-être. A trois myriamètres de Montluçon.

Saint-Genest. — Étendue, 1,516 hectares ; — population,

545 habitants; — maisons, 125. A six kilomètres de Montluçon.

Saint-Marcel-en-Marcillat. — Étendue, 1,054 hectares; — population, 608 habitants; — maisons, 143. A deux myriamètres de Montluçon.

Sainte-Thérence. — Étendue, 1,313 hectares; — population, 507 habitants; — maisons, 142. A un myriamètre deux kilomètres de Montluçon.

Terjat. — Étendue, 1,774 hectares; — population, 597 habitants; — maisons, 153. A un myriamètre quatre kilomètres de Montluçon.

Villebret. — Étendue, 1,534 hectares; — population, 500 habitants; — maisons, 128. Village caché sous la verdure, et dont l'église présente un mélange de pleins cintres et d'ogives qui indique le style de transition. A huit kilomètres de Montluçon.

ÉGLISE DE VILLEBRET.
(Canton de Marcillat.)

CANTON DE MONTMARAULT.

Étendue, 34,131 hectares divisées en dix-huit communes qui sont: Montmarault, chef-lieu, Beaune, Blomard, Chappes, Chavenon, Colombier, Commentry, Doyet, Hids, Louroux-de-Beaune, Malicorne, Montvicq, Murat, Saint-Bonnet-de-Four, Saint-Marcel-en-Murat, Saint-Priest-en-Murat, Sazeret, et Villefranche, dont la population totale est d'environ 15,209 habitants.

Le territoire produit beaucoup de bois et contient deux forêts nationales, celle de l'*Espinasse* sur la commune de Louroux qui contient 900 hectares et celle de *Château-Charles* d'environ 600 hectares.

On y trouve des mines de houille abondantes, telles que celles de Commentry et de Doyet, dont les produits s'écoulent par le canal du Cher. Enfin, la culture des céréales et le commerce des bestiaux sont la principale industrie du canton.

Montmarault, chef-lieu du canton. — Étendue, 898 hectares; — population, 1,612 habitants; — maisons, 407. Ville assez bien bâtie et qui occupe un des points les plus élevés du département, entre la rivière de l'Allier et celle du Cher, sur la route de Moulins à Limoges. Le sol des environs est aride, mais le peu d'herbage qu'il fournit est d'une très bonne qualité, surtout pour les vaches et les chèvres qu'on élève en très grande quantité : elles produisent un excellent laitage, dont on fait du beurre estimé et des fromages connus sous le nom de *roujadoux* qu'on exporte au loin. Montmarault est également renommé pour sa coutellerie et sa quincaillerie ; enfin on y fait aussi commerce de châtaignes, de seigle, de foins et de bestiaux.

Montmarault ne possède d'autre monument que son église paroissiale de différents styles, mais qui a subi bien des dégradations.

Cette ville n'occupe aucune place dans l'histoire. Elle est la patrie du baron Camus de Richemont, général du génie, qui s'est illustré au siége de Dantzick, en 1813, et a publié plusieurs brochures politiques. A deux myriamètres huit kilomètres de Montluçon.

Beaune, village. — Étendue, 2,419 hectares ; — population, 1,200 habitants ; — maisons, 278. A deux myriamètres de Montluçon.

Blomard, village. — Étendue, 2,237 hectares ; — population, 651 habitants ; — maisons, 138. A deux myriamètres quatre kilomètres de Montluçon.

Chappes, bourg. — Étendue, 1,860 hectares ; — population, 521 habitants ; — maisons, 92. Placé sur le revers d'un côteau, dans un pays d'un aspect assez accidenté. Chappes n'offre de remarquable que son église en partie du style roman du xie siècle dont les piliers sont ornés de chapiteaux à figures grossièrement sculptées. A l'extérieur, on remarque un portail à plein cintre et un clocher dont le premier étage est percé d'ouvertures angulaires. On conserve dans cette église une statue de la Vierge, en bois, qui paraît remonter au temps de la fondation de l'édifice. Cette église appartenait, dès le xiie siècle, aux moines de Souvigny. A deux myriamètres quatre kilomètres de Montluçon.

Chavenon, village. — Étendue, 1,746 hectares ; — population, 521 habitants ; — maisons, 92. A deux myriamètres quatre kilomètres de Montluçon.

Colombier, bourg. — Étendue, 1,292 hectares ; — popula-

COMMENTRY
(Canton de Montmarault.)

tion, 631 habitants; — maisons, 154. Cette commune, située sur la rivière d'OEuil qui baigne ses maisons, est ombragée par de nombreux bouquets d'ormes, de peupliers et d'arbres fruitiers; elle possédait jadis un monastère de bénédictins, appelé le monastère de Saint-Patrocle, patron du pays et dont on raconte une merveilleuse légende et de curieuses traditions. Ce monastère était fortifié avec murs crénelés, tours, fossés et porte à pont-levis. L'église, qui est devenue l'église paroissiale depuis que la première a été détruite, occupe le sommet d'un côteau escarpé. Elle est très irrégulière, son portail est à plein cintre dont l'archivolte se divise en plusieurs petits cintres. Le clocher, de forme octogone, est percé d'ouvertures à plein cintre et de rosaces; à l'intérieur, les arcades reposent sur des chapitaux bizarres, composés de feuillages et d'animaux en relief peu saillant. On a trouvé dans le cimetière une assez grande quantité de tuiles romaines, et des tombes en béton provenant d'un monument antique. On trouve près de là une fontaine qui, dit-on, ne tarit jamais, et dont les eaux ont toujours le même niveau; entre autres propriétés on lui attribue celle de guérir les chiens malades qui y viennent boire.

On fabrique dans cette commune de la serge, de la quincaillerie, des armes, et on y trouve des mailleries pour le chanvre et les étoffes. A un myriamètre six kilomètres de Montluçon.

Commentry. — Étendue, 2,088 hectares; — population, 1,421 habitants; — maisons, 452. Village renommé pour l'exploitation des mines de houille qu'il contient. Le bassin houillier, très important, présente trois couches jusqu'à présent reconnues, d'une épaisseur totale de plus de vingt-cinq mètres, et de nombreux affleurements permettent de croire qu'il en existe encore d'autres. Ces couches produisent un charbon de première qualité et un coke supérieur; ce charbon est éminemment capable de satisfaire à tous les besoins de l'industrie métallurgique, notamment celle du fer; une galerie d'écoulement de mille deux cent soixante mètres de long assèche le bassin houillier sur une profondeur de plus de trente mètres.

L'extraction journalière produit par jour entre deux mille quatre cents à trois mille hectolitres de houille ; elle s'opère par des machines à molettes et par des machines à vapeur ; plus de six cents ouvriers sont occupés aux travaux, et près de quatre cents chevaux aux transports, indépendamment d'un chemin de fer nouvellement établi et des transports par le canal du Berri.

La commune de Commentry possédait, il y a près de vingt ans, une manufacture de glaces coulées, qui occupait une grande étendue de bâtiments construits dans un vaste enclos muré d'au moins dix hectares, et huit cents ouvriers ; mais cette industrie a disparu et cette espèce de ville qui s'était formée comme par enchantement a été longtemps abandonnée et en ruine. Tout récemment, une société en a fait l'acquisition et y a organisé sur une grande échelle une usine métallurgique qui donne chaque jour les plus heureux résultats et prend de grands développements.

On trouve encore à Commentry une fabrique nouvellement établie de coutellerie en fonte, pour laquelle MM. Maupertuis et Busch ont obtenu un brevet d'invention, et dont les produits ont figuré à l'exposition de l'industrie à Paris, en 1844.

Tous les ans, le jour de Saint-Jean, les femmes et les jeunes filles des environs venaient y vendre leurs chevelures. Nous ne savons si cet usage et ce genre de commerce dure encore. Commentry est à un myriamètre cinq kilomètres de Montluçon.

Doyet, village. — Étendue, 2,758 hectares ; — population, 979 habitants ; — maisons, 209. Cette commune possède une mine de houille appartenant à M. Delaromagère ; on remarque le clocher de l'église dont les ouvertures sont angulaires, et, dans une des chapelles, la pierre tombale d'un seigneur de la maison de Courtais à qui appartenait le château de la Souche au donjon à créneaux et au toit aigu, situé près de là. Doyet est à un myriamètre quatre kilomètres de Montluçon.

Hyds, village. — Étendue, 1,870 hectares ; — population,

RUINES DU CHATEAU DE MURAT
(Canton de Montmarault.)

777 habitants ; — maisons, 210. Bourg de peu d'importance. A deux myriamètres quatre kilomètres de Montluçon.

Louroux de Beaune, village. — Étendue, 1,065 hectares ; — population, 421 habitants ; — maisons, 170. A deux myriamètres deux kilomètres de Montluçon.

Malicorne, village.— Étendue, 1,183 hectares ; — population, 522 habitants ; — maisons, 153. Malicorne fut jadis une ville close avec château fort, aujourd'hui rasé. L'église est assez remarquable, surtout l'abside décorée de corbelets à figures fort singulières et d'une bonne exécution. A un myriamètre deux kilomètres de Montluçon.

Mont-Vicq, village.— Etendue, 1,996 hectares ; — population, 874 habitants ; — maisons, 208. On y voit encore des vestiges d'une forteresse féodale qui appartenait aux templiers, bâtie sur un mamelon et entourée de fossés ; il y a aussi une petite église romane. A deux myriamètres quatre kilomètres de Montluçon.

Murat. — Etendue, 2,007 hectares ; — population, 687 habitants ; — maisons, 163. Ce village, si réduit aujourd'hui, était jadis le siége d'une châtellenie et faisait partie du domaine des premiers sires de Bourbon qui s'y firent construire un vaste château qui occupait toute la surface d'un rocher isolé et baigné par les eaux de l'Aumance ; une forte enceinte de murailles défendue par vingt-sept tours crénelées enveloppait tout le rocher ; une entrée était pratiquée au midi, et dans l'enceinte étaient renfermés les corps de logis et la chapelle. Ce château était un des plus importants du Bourbonnais, il fut démantelé et abandonné à l'époque de la défection du conétable, ainsi que presque tous les châteaux du duché qui cessèrent d'être entretenus. Depuis au moins deux siècles, ce château, dont les ruines présentent encore un aspect très remarquable, n'est plus qu'une espèce de carrière inépuisable où chacun vient prendre, sans conteste, les pierres dont il peut avoir besoin. Béatrix de Bourgogne, dame de Bourbon, femme de Robert, fils de saint

Louis, et Marie de Hainault, femme de Louis, premier duc de Bourbonnais, y sont mortes.

L'église de Murat, d'une architecture fort grossière, date du xiie et du xiiie siècle; on y conserve un reliquaire fort curieux en filigramme et en émail d'un précieux travail. A trois myriamètres de Montluçon.

Saint-Bonnet-de-Four, village. — Etendue, 1,874 hectares; — population, 604 habitants; — maisons, 125. A deux myriamètres six kilomètres de Montluçon.

Saint-Marcel-en-Murat. — Etendue, 1,609 hectares; — population, 350 habitants; — maisons, 57. A trois myriamètres quatre kilomètres de Montluçon.

Saint-Priest-en-Murat, village. — Etendue, 2,548 hectares; — population, 950 habitants; — maisons, 228. A un myriamètre trois kilomètres de Montluçon.

Sazeret. — Etendue, 1,794 hectares; — population, 418 habitants; — maisons, 81. A deux myriamètres huit kilomètres de Montluçon.

Villefranche. — Etendue, 2,808 hectares; — population, 854 habitants; — maisons, 198. Cette petite ville, située au milieu de terres fertiles, était ceinte autrefois de hautes murailles et de larges fossés. Il y avait un très ancien monastère qui appartenait à la collégiale de Saint-Ursin de Bourges; de grandes discussions s'élevèrent à l'occasion de ce monastère entre les sires de Bourbon et le chapitre de Saint-Ursin, et cette circonstance valut à la ville des franchises et des priviléges, d'où elle a pris le nom de Ville-Franche, en place de celui de Montcenoux, qu'elle portait dans l'origine. L'église, du style ogival primitif, est large et assez remarquable, surtout son portail et son clocher; on voit aussi, près de là, les ruines d'un château. Le terrain de Villefranche produisait beaucoup de houille, mais il n'est point exploité. A deux myriamètres de Montluçon.

ARRONDISSEMENT

DE MOULINS.

ARRONDISSEMENT

DE MOULINS.

L'arrondissement de Moulins occupe la partie la plus septentrionale du département de l'Allier, il a pour confins, au sud, l'arrondissement de Gannat, à l'ouest celui de Montluçon, au nord le département de la Nièvre et à l'est l'arrondissement de Lapalisse.

Son étendue superficielle est de 237,750 hectares, divisés en neuf cantons, qui sont ceux de Moulins est et ouest, Bourbon, Chevagnes, Dompierre, Lurcy-Lévy, le Montet, Neuilly et Souvigny, qui comprennent ensemble quatre-vingt-cinq communes et une population totale de 90,544 habitants.

Le sol de cet arrondissement est généralement plat, légèrement incliné de l'ouest à l'est, sablonneux et léger dans le canton de Moulins; dans la partie méridionale du canton de Souvigny, marécageux; froid et argileux dans les cantons de Chevagnes et de Neuilly; le calcaire domine dans les autres parties. Les cantons de Bourbon et de Souvigny sont ceux dont la nature est la plus riche et les prairies naturelles y sont abondantes.

Les bois sont une des principales productions de cet arrondissement; on y compte huit forêts qui appartiennent toutes à l'Etat, celle de Bagnolet, de Moladier, de Civrais, de Gros-Bois, de Messarge, de Perrogne, de Leyde, de Hume, indépendamment de beaucoup de bois particuliers.

Enfin, on trouve encore dans cet arrondissement des mines de houille et de manganèse, des carrières de marbre et des carrières de pierres de taille fort estimées pour la construction.

L'arrondissement est traversé du midi au nord par la rivière de l'Allier, et limité à l'est et à l'ouest par celle de la Loire. L'intérieur est encore arrosé par un assez grand nombre de petites rivières et de ruisseaux affluents à la Loire ou à l'Allier, et dont les principaux sont : la Besbre, l'Acolin et la Queune, enfin le canal latéral à la Loire traverse les cantons de Dompierre et de Chevagnes.

Cinq grandes routes nationales sillonnent l'arrondissement de Moulins, savoir : les routes n° 7, de Paris à Antibes, 9 de Paris à Perpignan, 75 de Moulins à Bâle, 145 de Moulins à Limoges, 152 d'Orléans à Moulins ; on y compte aussi les routes départementales actuellement classées, n°s 1, 2, 6 et 7.

Le chemin de fer du centre de Paris à Clermont traverse cet arrondissement du nord au midi.

A raison du grand nombre de bois que produit le territoire, l'exploitation en est assez importante et constitue une des principales branches de commerce de l'arrondissement ; mais on y cultive encore avec succès divers genres d'industries, et nous citerons particulièrement la coutellerie, la corroirie, la badestamerie, la corderie, la verrerie, la porcelaine, etc., et divers établissements métallurgiques qui contribuent au bien-être et à la richesse du pays.

CANTON DE MOULINS.

Le canton de Moulins est divisé en deux parties est et ouest qui comprennent ensemble une étendue de 38,972 hectares, divisés en quatorze communes qui sont : Moulins, chef-lieu, Aubigny, Avermes, Bagneux, Bressolles, Coulandon, Gennetines, Montilly, Neuvy, Saint-Ennemond, Toulon, Trevol, Villeneuve-sur-Allier et Iseure.

Le sol est sablonneux et léger, le bois y est commun, et on y trouve les forêts de Bagnolet et de Moladier qui appartiennent à l'Etat; l'agriculture y donne des produits variés, et la vigne y est assez amplement cultivée, mais ses produits donnent des vins d'une qualité médiocre; la rivière de l'Allier traverse ce canton du sud au nord et y apporte souvent de grandes inondations.

COMMUNE ET VILLE DE MOULINS.

Cette ville, chef-lieu de canton, d'arrondissement et de département est une des villes de France les plus remarquables du troisième ordre. Son étendue territoriale est de 852 hectares, sa population de 15,231 habitants; on y compte 122 rues et 13 places.

Elle est agréablement située dans une vaste et fertile plaine sur la rive droite de l'Allier et sur la grande route de Paris à Lyon.

Comme la plupart de nos grandes villes, Moulins n'a rien conservé ni de son état primitif ni des diverses modifications successives survenues dans chaque siècle. A part sa principale église et quelques fragments inaperçus, on trouverait difficilement un souvenir de l'état de ses anciennes constructions et de ses aspects antérieurs. Pas une pierre de murs, des tours, ni des donjons fortifiés, que l'on commença à détruire vers 1688, rien qui puisse maintenant donner une idée de ce palais, de ce château somptueux qui fut longtemps la demeure des princes de la maison de Bourbon. Plus de ces maisons en bois aux étages ou saillie des XIIIe XIVe et XVe siècles. Plus de ces maisons du XVIe siècle aux poteaux recouverts des riches arabesques de la Renaissance, presque plus même de ces maisons en briques mosaïquées qui caractérisent encore quelques villes du centre de la France et qui étaient si nombreuses à Moulins. Là, comme partout, la mode, le préjugé, plus que la nécessité, ont détruit ces spécimens des âges passés, sans respect pour les souvenirs historiques, les traditions de familles et l'étude des arts. Là, plus qu'ailleurs peut-être, tel propriétaire a fait, et fait encore reconstruire, ou tout au moins replâtrer ou badigeonner son logis uniquement par mépris et haine des formes anciennes, et pour avoir une maison *bien blanche*. Moulins est donc aujourd'hui une ville toute moderne, dont les maisons propres et assez bien bâties en général n'ont, même les plus belles, même les édifices publics, aucun caractère, ni rien de remarquable sous le rapport du style. Aussi la curiosité n'amène aucun étranger à Moulins, les *touristes* s'en éloignent, et le voyageur n'y fait aucun séjour ; il n'y a rien à voir à l'exception du mausolée que renferme l'église du lycée et dont nous parlerons plus loin ; mais tout cela, sans doute, est plus approprié à la vie du jour, aux besoins nouveaux et plus favorable à l'extention du commerce et de l'industrie. La ville s'est agrandie de ses vastes faubourgs qui y sont maintenant réunis ; de belles et riantes promenades ont remplacé les fossés et les esplanades, les maisons se sont alignées, les rues ont plus de largeur et se décorent chaque jour d'élégantes boutiques, les places sont plus nombreuses et plus régulières ;

enfin si la ville de Moulins n'est plus une ville pittoresque, une ville de souvenirs, c'est maintenant vulgairement parlant une jolie ville dont nous donnons ici une description succincte.

Monuments religieux. — Malgré la réputation de piété et de dévotion qu'on a bien voulu donner en tout temps aux habitants de Moulins, les édifices religieux ont toujours été rares en cette ville, et il ne paraît pas que la population ait jamais fait de grands sacrifices pour en faire construire. Il est certain même que la ville fut longtemps sans église paroissiale et les habitants étaient obligés d'aller aux offices à Iseure, village à une demi-lieue de la ville, et dont l'église fut en même temps et jusque dans le siècle dernier la seule paroisse en titre de la ville de Moulins. Cependant, dès le xiv° siècle, à cause de l'importance qu'avait déjà acquise la ville et du séjour qu'y faisaient les princes, on songea à établir une collégiale et depuis deux succursales, dont les chanoines et les desservants faisaient les offices et administraient les sacrements sous la juridiction du curé d'Iseure. Mais tout cela ne put se faire sans de longs procès et de scandaleux débats, à cause des droits ecclésiastiques préexistants sur le territoire de Moulins qui se trouvaient lésés par ces nouveaux établissements, et que différents titulaires revendiquaient à l'envi, et ce fut même assurément la cause principale qui, jusqu'à la Révolution de 89, empêcha l'érection d'églises paroissiales dans la ville de Moulins.

La chapelle dont nous venons de parler fut fondée en 1386 par le duc Louis, et établie provisoirement dans une ancienne chapelle sous le vocable de Notre-Dame qui appartenait aux moines de Souvigny. Le duc exposait au pape, dans sa requête, *que la ville de Moulins était la plus grande de son duché, qu'il y faisait sa résidence, qu'il n'y avait aucune église, et que les habitants étaient forcés d'aller remplir leurs devoirs religieux à Iseure, village éloigné de la ville, et qui les exposait, en temps de guerre surtout, à toutes sortes de dangers et de scandales*, etc., etc.

Le pape accorda la bulle nécessaire, et après de nombreuses formalités, le chapitre fut établi, richement doté par le duc, desservi par un doyen, douze chanoines et quatre clercs, et comme la petite chapelle était insuffisante pour le service et le nombre des fidèles, le duc jeta les fondements d'un édifice plus considérable, qui, malgré ses libéralités, ne s'éleva que fort lentement, car la première pierre ne fut posée qu'en 1468, par Agnès de Bourgogne, veuve du duc Jean Ier, et les travaux continués par le duc Pierre II et sa femme, dont tout le zèle ne put encore achever ce monument parvenu sous leur règne, seulement à la moitié à peu près de l'étendue qu'il devait avoir, et qui est resté ainsi imparfait jusqu'à nos jours. C'est aujourd'hui tout à la fois la principale paroisse et la CATHÉDRALE depuis qu'il a été érigé un évêché à Moulins.

Le style de cette église est de la troisième période ogivale et ne manque pas d'élégance et de légèreté, mais n'offre dans son ensemble et dans son état d'imperfection rien de particulièrement remarquable, si ce n'est une assez grande quantité de gargouilles à figures chimériques et curieuses; environné, du reste, d'une masse de maisons particulières et de rues étroites, il est difficile d'en saisir l'aspect général extérieur.

Avant la Révolution de 89, la toiture en plomb était surmontée d'un petit clocher aussi en plomb, d'une grande élégance et du travail le plus délicat, construit en 1507 sur les dessins du chanoine Guillaume Toissier; il contenait une grosse cloche et plusieurs autres. Aujourd'hui la sonnerie de la cathédrale de Moulins consiste en une petite clochette suspendue en plein air à deux poteaux au-dessus d'un des contre-forts du chœur.

Pendant cette même Révolution, cette église, seul monument religieux un peu important qui ait existé à Moulins, fut mis en vente et destiné à être démoli, ce qui n'a point été exécuté; mais l'intérieur subit à cette époque une dévastation complète et perdit ainsi divers objets remarquables qui contribuaient à son ornement et à sa richesse : telles que des stalles en menuiserie, d'un travail si beau, que l'archevêque de Bourges en fit offrir dans le temps quarante mille livres pour les faire placer dans sa cathédrale ; des grilles en fer d'un travail non moins riche qui formaient la clôture du chœur et avaient été exécutées par Jean-Baptiste Paradis et Louis Boyer, maîtres serruriers, en 1769, pour la somme de 18,000 livres ; un saint Christophe en pierre et plusieurs belles statues de saints, divers tableaux et peintures de grands maîtres, dont il reste seulement deux volets provenant sans doute d'un rétable d'autel, et sur lesquels sont représentés le duc Pierre de Bourbon et Anne de France, sa femme ; volets qu'on a maladroitement réunis à un autre tableau, prétendu du célèbre Benedetto, et auquel ils n'ont jamais appartenu. Une immense quantité de vases sacrés non moins précieux par le travail et l'antiquité que par la matière ; enfin des ornements sacerdotaux du plus grand prix en étoffes précieuses rehaussées de pierreries et dont on cite entre autres cinq chapes, dont chacune revenait à 525 livres. Un seul objet, nous assure-t-on, aurait échappé à ce désastre, ce serait la garniture en cuivre du maître-autel, achetée à Paris à un orfèvre, en 1797, pour la somme de 4,664 livres. Du reste, on peut voir encore dans la cathédrale de Moulins des vestiges de vitraux peints, riches de couleurs et de composition, mais horriblement mutilés, sauf la grande verrière de l'abside, au-dessus du maître-autel, récemment restaurée par M. Émile Thibaud, de Clermont ; dans le rond point, derrière le chœur, un saint-sépulcre, dont les figures en ronde bosse et peintes sont d'assez bon style ; enfin au bas de l'église, et inscrutée dans le mur, une pierre tombale sur laquelle on voit sculpté en demi-relief un cadavre rongé par les vers et regardé comme un chef-d'œuvre. Sous le chœur il existe un caveau qui fut aussi visité et dépouillé, en 93, des sépultures qu'il contenait : il renfermait les cendres de Jeanne de France, fille de Charles VII, femme du duc Jean II, morte à Moulins, en 1482 ; de Jeanne d'Armagnac, fille du duc de Nemours et seconde femme du duc Jean II, morte en couches en 1486, ainsi que son enfant qui reposait près d'elle ; enfin les cœurs des ducs Jean II et de Pierre II, tous fondateurs ou bienfaiteurs de cette église.

Dès l'an 1788, il avait été question d'ériger un évêché et une cathédrale dans cette ville de Moulins, qui n'avait pu jusque-là établir ni une paroisse ni un curé en titre. Un évêque même fut nommé et ne put prendre possession car les événements révolutionnaires de 1789 y mirent obstacle, et ce n'est que de l'année 1823, lors d'une nouvelle circonscription des diocèses, en vertu du concordat, que datent le diocèse et la cathédrale de Moulins, ainsi que l'établissement des deux paroisses qui ont succédé aux deux succursales dont nous avons parlé.

Église Saint-Pierre. — Cette église, aujourd'hui paroissiale, était celle d'un ancien couvent de Carmes, fondé en 1350, alors hors la ville, et dont l'histoire n'offrirait ici rien de bien intéressant. Elle se trouve maintenant située vers l'extrémité (est) de la ville, son architecture est celle de la dernière période ogivale et n'a rien digne de remarque ; elle possédait autrefois de beaux vitraux et un beau tombeau érigé à la mémoire d'un seigneur de Bressolles et de sa femme.

Église paroissiale de Saint-Nicolas. — Située dans le bas de la ville près de la rivière, elle était primitivement l'église d'un couvent de Dominicains, fondé en 1515 par le connétable de Bourbon, pour accomplir le vœu qu'il fit pendant la bataille de Marignan, où il courut de grands dangers. Ruinée par les calvinistes, cette église n'a rien conservé de son ancienne splendeur et menace ruine. Près de là, s'élève une nouvelle église sur une assez grande échelle, commencée il y a peu d'années, mais dont les travaux ont avancé bien lentement malgré le zèle du vénérable pasteur qui les a entrepris, les secours du gouvernement et les dons des fidèles !... M. Lassus, architecte de Paris, est maintenant chargé de la construction de cette église en style pur du XIIIᵉ siècle qu'elle ne devait pas avoir dans le premier projet.

Beaucoup d'autres monuments religieux existaient à Moulins avant la Révolution de 89. La plupart appartenaient à diverses communautés, à des corporations ou à des établissements de bienfaisance ; il n'en reste presque plus de trace, et à peine en a-t-on quelques souvenirs ; nous pourrons cependant en rappeler quelques-uns lorsque nous parlerons des édifices ou des établissements qui leur ont succédé.

MONUMENTS CIVILS. — *Château, palais ducal.* Le plus important de tous les monuments civils de la ville de Moulins, était assurément le château ou palais ducal, situé au sud de la ville sur la crête de la partie élevée qui domine la vallée et la rivière de l'Allier. Son origine remonte probablement à l'origine même de la ville. Là, dès le Xᵉ siècle, les premiers seigneurs du Bourbonnais avaient un rendez-vous de chasse et une maison de plaisance, qui fut toujours pour eux un objet de prédilection et où bientôt ils firent leur résidence habituelle. Chaque siècle vit successivement augmenter et embellir cette résidence qui devint un magnifique palais et offrait un des plus riches et des plus curieux ensembles de constructions des XIVᵉ XVᵉ et XVIᵉ siècles, environné de parterres et de jardins délicieux, et de tout ce qui pouvait contribuer aux plaisirs et aux *ébattements* les plus doux ; l'intérieur, par la richesse des décors et la somptuosité des meubles, n'était pas moins splendide. Les historiens du temps ont fait de tout cela de merveilleuses descriptions et quelques dessins nous sont restés ; nous y renvoyons le lecteur (voir les divers ouvrages anciens et modernes sur le Bourbonnais et le département de l'Allier.)

Quelques pans de murs et une grosse tour carrée sont tout ce qui reste aujourd'hui de tant de grandeur et de magnifirence, la destruction et le bouleversement ont été si complets qu'il serait à peu près impossible de retrouver la place que chaque partie occupait. La cause de toute cette ruine remonte au temps de la défection du connétable de Bourbon, temps où ce château cessa d'être habité régulièrement et commença à être négligé. A la fin du xviie siècle, quelques bâtiments menaçaient déjà ruine lorsqu'un épouvantable incendie, arrivé dans la nuit du 2 au 3 juin 1755, accéléra une destruction qui, en 95, a été totalement complétée.

Maisons anciennes. — La cour et le séjour des ducs à Moulins dut nécessairement amener dans cette ville bon nombre de seigneurs et de personnages opulents qui durent aussi y posséder de riches maisons. Nous avons déjà dit que presque toutes ont complètement disparu ; trois seulement ont conservé quelques vestiges de leur primitive structure. La maison n° 24, rue Notre-Dame, où l'on trouve une façade sur la cour et, dans l'intérieur, une cheminée assez remarquable, et les n°s 11 et 9 de la rue des Grenouilles.

Beffroi ou tour de l'Horloge, situé à un des angles de la place de l'Hôtel-de-Ville ; c'est une tour carrée très élevée qui ne paraît dater que du xve siècle, la partie supérieure est couronnée d'une galerie en encorbellement surmontée d'un campanille assez élégant en bois, revêtu de plomb, dans lequel est placée la cloche, nommée Marie-Anne, du nom de la reine Marie-Anne d'Autriche, qui en fut marraine lorsque cette cloche fut fondue en 1650 ; elle pèse six milliers. Comme à Dijon et dans quelques autres villes de France et de Belgique, les heures sont sonnées par ce qu'on appelle un *Jacquemard* et sa famille ; ce sont de petits automates placés autour de la cloche et des timbres, sur lesquels ils frappent, étant mis en mouvement par un mécanisme qui dépend de l'horloge. Toute cette partie supérieure de la tour a été refaite en 1656, après un incendie qui avait détruit l'ancienne disposition de ce monument, seulement le campanille était surmonté d'une couronne royale dont les fleurs de lis étaient dorées. Il fut supprimé en 1794 et remplacé en 1811 par le petit dôme actuel.

La Préfecture. — L'hôtel de la préfecture, situé à l'extrémité du cours Doujat, a été établi dans l'ancien hôtel de la famille de Saincy. Cet édifice du siècle dernier est un des plus remarquables de la ville en ce genre.

Hôtel-de-Ville. Edifice moderne élevé sur l'emplacement de l'ancien hôtel Maltaverne qui servait aussi auparavant d'Hôtel-de-Ville. Celui-ci, de ce style prétentieux, *dit genre italien*, et dont l'école moderne a trop abusé, n'a pas le caractère imposant et de gravité qui convient aux monuments de ce genre, au moins quant à la façade principale sur la place de l'Horloge. La façade opposée, sur la place de la Bibliothèque, beaucoup plus sévère, nous paraît préférable. Ce monument a été l'objet de critiques assez justes, mais n'en passe pas moins aujourd'hui pour un des plus beaux ornements de la ville de Moulins ; on y trouve, outre les bureaux nécessaires et un tribunal de paix, trois grandes salles, une de réception, une salle de conseil, dont on a fait provisoirement un musée créé dans la séance du conseil municipal du 7 mai 1842 ; il est question de consacrer à ce musée un local particulier, puisse ce projet se réaliser bientôt. Enfin dans la troisième salle on a établi une bibliothèque publique, fort bien disposée : elle contient environ seize mille volumes, dont plusieurs éditions rares des xve et xvie siècles, divers beaux recueils et quelques manuscrits, entre autres une bible in-folio, manuscrit du xiie siècle, ornée de belles et nombreuses peintures, provenant de l'ancienne abbaye de Souvigny, et qui, dit-on, avait été portée au concile de Constance, en 1415, et à celui de Bâle, en 1431, pour servir à la vérification des saintes Écritures.

M. Auguste Ripoud, bibliophile aussi savant que modeste, a été longtemps conservateur de cette bibliothèque, c'est à lui que l'on doit un excellent catalogue et le bon ordre établi dans cette importante collection de livres. Dans les *Annuaires* de l'Allier, publiés à Moulins dans les années 1852 et 1845, on trouve d'utiles et savantes notices de lui sur la bibliothèque de Moulins et sur les éditions curieuses qu'elle contient. M. Ripoud s'est encore beaucoup occupé de la statistique de son département, et nous saisissons ici l'occasion de dire à nos lecteurs combien, dans l'ouvrage que nous publions, nous ont servi ses travaux et ses recherches. Nous lui devons le plan et la distribution générale, ainsi que de nombreux documents qu'il nous a communiqués avec la complaisance la plus affable. Nous lui en témoignons ici toute notre gratitude.

Fontaines publiques. — La ville de Moulins possédait dans les siècles passés de belles fontaines d'eaux jaillissantes et d'une structure élégante, telle que celle qui décorait la cour du palais et dont les débris ont disparu dans la ruine de ce monument. Celle du beffroi, ornée des armes de la ville et surmontée d'une urne richement sculptée, construite en 1674, ainsi que celle de l'ancien Marché-au-Blé (aujourd'hui la rue de la Préfecture) non moins élégante et qui, depuis, ont subit toutes deux tant de modifications qu'elles ne sont plus reconnaissables. Celle dite le Château-d'Eau, à l'extrémité de la rue de Bourgogne, qui date de l'année 1426 et a été reconstruite avec quelqu'élégance en 1764. Nous en citerons encore une sur la place des Carmes et une autre sur la place de Paris, en face le cours de la préfecture, qui ont conservé leur base poligone à profils gothiques et à double bassin, d'où jaillissaient plusieurs jets d'eau, réduits aujourd'hui à un simple filet. Enfin sur la place d'Allier appelée anciennement place des Lices, on a restauré récemment la fontaine du Marché qui occupe le milieu de cette place et on lui a donné une forme un peu plus monumentale ; elle se compose d'un piédestal et d'une colonne en pierre surmontée d'une boule dorée. Les eaux de Moulins ne sont pas réputées très salubres, surtout pour ceux qui n'ont pas de jeunesse l'habitude d'en boire; elles proviennent de sources situées vers le nord à peu de distance de la ville, et se mêlent souvent avec des sources d'eaux minérales de diverses qualités dont le pays abonde.

Palais-de-Justice. — Tribunaux. — Depuis plus d'un siècle le lieu où l'on rendait jadis la justice à Moulins étant tombé en ruine, la ville fut obligée de louer une portion d'un ancien couvent où les tribunaux furent provisoirement établis, et ce provisoire dura jusqu'après l'année 1802 où ils furent transférés dans l'ancien collége, rue de Paris. Cet ancien collége, bâti par les jésuites en 1605, et qu'ils furent obligés d'abandonner sans être achevé lors de la suppression de l'ordre, a été depuis approprié à sa nouvelle destination. Ce monument consiste aujourd'hui en trois corps des bâtiments principaux, celui du milieu le plus ancien, construit en briques et pierres est assez remarquable, les deux autres d'une structure beaucoup plus simple et toute moderne, forment deux ailes en retour d'équerre, reliées sur la rue de Paris, par une belle grille en fer, à travers laquelle on aperçoit, au lieu d'une cour, un vaste parterre émaillé de fleurs. Les bâtiments du fond renferment divers bureaux et salles d'audience, et dans d'autres adjacents, l'école mutuelle et divers logements. La cour d'assises occupe l'aile à droite vers le midi, et dans l'aile à gauche on a établi l'école communale de dessin dont le local est vaste, bien éclairé et contient une collection nombreuse et choisie de plâtres et de modèles. Année commune on y compte de quatre-vingts à quatre-vingt-dix élèves, dirigés par un professeur habile, M. Edmond Tudot; à qui l'on doit plusieurs genres de productions justement appréciées et notamment une forte part de collaboration dans les deux grands ouvrages à figures publiés à Moulins : l'*Ancien Bourbonnais et l'Auvergne et le Vélay*, où ses vues lithographiées rivalisent avec celles des artistes de Paris; plusieurs bons élèves sont sortis de cette école, entre autres M. Pierdon qui s'est fait un nom dans l'art de la gravure en bois, M. Bariau, devenu professeur-adjoint de cette école et M. Montillet. C'est à ces deux derniers artistes que nous devons les charmantes lithographies qui ornent notre présente publication.

Le Collége. — Le premier collége établi à Moulins ne remonte pas au-delà de la moitié du xvie siècle et fut dû à la libéralité de François de Beaucaire, évêque de Metz, qui le dota de 100 livres de rente; en 1605, Henri IV fonda un collége de jésuites pour lequel il fit de grandes largesses et pour lequel fut construit le local que nous venons de décrire ci-dessus où est établi aujourd'hui le Palais-de-Justice; l'éducation y était *gratuite* et comprenait depuis les classes élémentaires jusqu'à la philosophie inclusivement. Après le renvoi des jésuites, l'éducation fut momentanément confiée à des laïques sous la direction d'un principal et la surveillance des officiers municipaux : soit que cet état de choses n'eût pas de résultats satisfaisants, soit par tout autre cause, le collége fut remis, en 1780, aux pères de la doctrine chrétienne qui y établirent un pensionnat, supprimé lors de la Révolution de 89.

Ce ne fut que douze ans après, en 1801, que l'instruction publique étant réorganisée sur de nouvelles bases, un lycée fut établi à Moulins dans le vaste et beau local de l'ancien couvent de la Visitation, rue de Paris, où est encore le lycée actuel; il peut contenir plus de trois cents pensionnaires, il est très convenablement distribué et peut être regardé comme un des lycées les mieux organisés de France. On remarque au-dessus de la porte principale une horloge en forme de sphère dont le cadran est un cercle mobile placé horizontalement et tournant sous une aiguille fixe qui marque les heures. Une petite fon-

PORTE DU LYCÉE DE MOULINS
(Canton Ouest).

TOMBEAU DU DUC DE MONTMORENCY.
dans la Chapelle du Lycée de Moulins.

taine élégante dans le goût de la Renaissance arrose uné des cours intérieurs. Mais la chapelle est particulièrement l'objet de l'attention des curieux, moins précisément à cause de son architecture qui est ordinaire que parce qu'elle renferme un magnifique mausolée, élevé à la mémoire du duc de Montmorenci par la princesse des Ursins, sa veuve. Les bornes de cette notice ne permettent pas de rappeler ici l'histoire, si connue de tout le monde, de ces illustres victimes de la faiblesse de Louis XIII et de la politique du cardinal de Richelieu. Nous dirons seulement que la duchesse de Montmorenci, enveloppée dans la même accusation qui conduisit son époux à l'échafaud, fut exilée à Moulins où d'abord emprisonnée au château, elle passa ensuite près de sept ans libre dans la ville, mais sous la surveillance la plus active d'un exempt. Madame de Montmorenci, inconsolable de la perte d'un époux qu'elle chérissait et ne pouvant vaincre toutes les douleurs qui avaient en cette circonstance brisé son âme et son cœur, résolut de renoncer à jamais aux grandeurs et au monde et de consacrer le reste de sa vie à Dieu dans le couvent de la Visitation que venait de fonder Madame de Chantal, et où elle avait reçu tant de consolations. Sa résolution fut irrévocable, elle ne céda ni aux instances de son frère qui avait obtenu sa grâce et qui voulait l'emmener en Italie, ni à toute l'affection que lui portait la reine-mère, Anne d'Autriche. Dès-lors elle ne s'occupa que d'œuvres de bienfaisance envers les pauvres et en faveur du couvent, objet de ses prédilections, et employa en bonnes œuvres la fortune qui lui avait été en partie restituée. Elle augmenta et embellit les bâtiments du couvent et fit bâtir, en 1648, la chapelle sur les dessins de Lingré, architecte en réputation dans le temps, dans laquelle fut placé par ses soins le tombeau du duc.

Ce tombeau construit en marbre, à grand frais, est l'œuvre d'Anguier, architecte de la porte Saint-Denis de Paris, et de Couston, Regnaudin et Thibault Poissant pour la sculpture.

Malgré tout le talent et la haute réputation de ces artistes célèbres, ce monument, d'un aspect assurément riche et grandiose, est loin cependant de mériter les éloges hyperboliques qu'on lui a prodigués et qui ne pourraient pas soutenir un examen raisonné et une critique judicieuse. Quelques beautés de détail, l'importance même de la masse et toute l'habileté du ciseau ne rachèteront jamais des défauts capitaux tels que le manque absolu de caractère religieux, l'insignifiance et l'inconvenance des poses des figures principales, l'anachronisme des costumes, le mélange du sacré et du profane, etc., etc. La duchesse fut, dit-on, assez peu contente de ce travail qui répondait mal à ses hautes pensées et à la noblesse du sujet ; mais on vint à bout de lui persuader que l'œuvre de ces grands artistes ne pouvait souffrir aucune critique. Combien de prétendus chefs-d'œuvre ont été et sont ainsi tous les jours imposés à l'admiration du crédule vulgaire toujours prêt à croire sans examen les oracles intéressés des coteries influentes.

Marie des Ursins, duchesse de Montmorenci, mourut en 1666. Son corps repose à côté de l'époux qu'elle a tant pleuré, et son cœur enfermé dans un vase d'argent, à côté de celui de la bienheureuse mère de Chantal. Ce mausolée si vanté n'existerait probablement plus sans la présence d'esprit d'un magistrat de la ville qui s'adressant à la foule armée qui, en 93, s'avançait pour le détruire : Citoyens, leur dit-il, respectez ce monument ! celui qu'il renferme n'était point un aristocrate mais un bon citoyen comme vous qui conspira contre la royauté et eut les honneurs de la guillotine. Ces mots suffirent et le tombeau resta intact.

Une plus ample description ajoutée ici ne vaudrait pas pour le lecteur la charmante petite lithographie qui représente ce monument exécutée à la plume avec une finesse et une pureté qui approche du burin par M. Berthet, artiste de Moulins, lithographie qui fait partie de l'illustration de ce recueil.

Le Grand-Séminaire est situé hors la ville, près la route de Moulins à Paris, sur l'emplacement du couvent des anciens Chartreux, où s'établirent successivement depuis une fabrique d'armes et une de faïence anglaise qui n'ont point prospéré ; il ne reste plus rien de cet ancien couvent qui eut une certaine importance. Le grand-séminaire qui remplace tout cela est un grand bâtiment carré, de construction toute moderne, sans style et sans aucun caractère propre à sa destination ; il conviendrait aussi bien à une manufacture ou à toute autre chose qu'à un séminaire. Nous n'en parlons que pour mémoire.

L'Evêché, maison bourgeoise moderne, qui peut être un modèle de simplicité évangélique, mais qui, sous le rapport de l'art, ne vaut pas mieux que le grand-séminaire et ne mérite pas une plus longue mention.

Les Hôpitaux. — La ville de Moulins avait des hôpitaux dès le XIIIe siècle, ceux de Saint-Julien et de Saint-Nicolas, fondés par Robert, fils de Saint-Louis, et par Béatrix, sa femme, et qui, depuis, furent réunis à un nouvel hospice fondé en 1499, par Pierre II et Anne de France, et qui acquit dès lors une assez grande importance, il pouvait recevoir vingt malades de l'un et de l'autre sexe et était sous la surveillance de quatre administrateurs choisis, l'un parmi les chanoines de la collégiale, un parmi les notables, un parmi les gens de loi et un parmi les bourgeois. Ruiné par les protestants en 1620, il fut réédifié et augmenté sous Louis XIII, il pouvait contenir alors cinquante malades, mais seulement du sexe masculin, et était desservi par les pères de la Charité.

Comme d'après ce nouvel arrangement les hommes seuls étaient reçus dans cet hôpital qu'on appelait alors l'hospice Saint-Gilles, il fallut en établir un autre pour les femmes, ce qui eut lieu quelque temps après, grâce aux dons et aux soins de Madame la duchesse de Montmorenci et de plusieurs fonctionnaires haut placés qui en firent les premiers frais. En 1651, on appela pour le desservir les filles de la Congrégation de Saint-Joseph, et il prit le nom d'hospice Saint-Joseph; ces religieuses avaient non-seulement soin des pauvres femmes malades, mais encore devaient instruire quarante petites filles. Les deux hospices de Saint-Gilles et de Saint-Joseph ont été jusqu'à nos jours gouvernés par les mêmes administrateurs et partageaient un revenu commun. Depuis la Révolution de 89, l'hospice Saint-Gilles a été réuni à l'hospice Saint-Joseph. On y reçoit aujourd'hui les malades des deux sexes; on y compte trois salles pour hommes, trois salles pour femmes, et quatre pour les militaires. Le nombre moyen des malades est de 80 à 90 pour les malades civils et de 20 à 30 pour les militaires; il est desservi par une supérieure et dix sœurs de l'ordre de Saint-Vincent-de-Paul, deux médecins, deux chirurgiens et un pharmacien, et enfin une sœur tient une école gratuite de filles; la maison est vaste, bien bâtie, bien située et possède une chapelle.

L'Hôpital-Général, à l'extrémité de la rue de Paris, dans le faubourg, doit son existence à la philanthropie de plusieurs notables de la ville, et fut établi en 1558, c'était un lieu d'asile pour les pauvres invalides des deux sexes; on les logeait, on les nourrissait et on donnait des travaux à ceux qui n'étaient pas trop infirmes. Sous le règne de Louis XIV, cet établissement fut considérablement augmenté; il possède maintenant environ 200 lits, et on y reçoit les orphelins et les enfants trouvés. On y a établi une filature de laine et une fabrique de toile et de serge qui occupent ceux qui peuvent travailler et dont les produits sont ajoutés aux autres revenus de l'établissement. Le local est vaste, bien distribué, les bâtiments bien bâtis en briques, sont presque tous dans ce genre mosaïque dont nous avons parlé et d'autant plus curieux qu'il devient comme nous l'avons dit aussi plus rare. Il y a une assez jolie chapelle et un chapelain; enfin une école gratuite de filles est annexée au même hospice, dans laquelle on reçoit annuellement de 70 à 80 élèves, présentées par le maire. Cet hospice est desservi par une supérieure, neuf sœurs de l'ordre religieux de Nevers, deux médecins et un pharmacien.

Hospice des aliénés. — Cet établissement d'une construction toute récente, est situé à quelque distance de la ville, sur un terrain qui la domine vers le nord et dans un lieu où il existait fort anciennement une chapelle, sous le patronage de Sainte-Catherine, fondée par Jean II, duc du Bourbonnais. Ce lieu était appelé le Mont-des-Vignes, et on y avait placé les fourches patibulaires. L'hospice des aliénés, récemment terminé, occupe un grand emplacement en forme de parallélogramme terminé par un hémicycle. Les constructions consistent en trois parties principales, une centrale et deux latérales. Celle du centre renferme la chapelle, les bureaux, les logements, des directeurs et des employés, le parloir, les cuisines, les bains, lingerie, etc., etc. Les deux autres forment l'une le quartier des hommes et l'autre le quartier des femmes. Ces deux divisions ou quartiers offrent des cours et des subdivisions fort utilement appropriées aux différents genres ou différents degrés de maladies ; une disposition très ingénieuse de galeries à l'extérieur, permet de faire à couvert tout le service de l'établissement. Au centre de l'hémicycle s'élève un petit bâtiment non moins convenablement distribué et destiné aux malades pensionnaires ; enfin un assez vaste jardin occupe le reste de l'emplacement et fournit abondamment les légumes, les fruits et les plantes utiles à l'établissement. On y trouve un manége et des réservoirs pour la distribution des eaux, ainsi que des pêcheries, etc.

Cet établissement qu'il faut visiter en détail pour en apprécier tout le mérite, fait le plus grand honneur à M. Esmonnot, architecte du département, qui en a conçu le plan et a présidé à la construction, et a été l'objet d'un rapport très favorable lors de sa réception par les inspecteurs des bâtiments civils ; il peut contenir 250 malades. Commencé en 1846, il a été terminé en 1849, et a coûté 425,000 fr.

Le pont. — L'abondance et l'impétuosité des eaux de la rivière de l'Allier, et l'étendue que prend cette rivière dans certaines saisons de l'année, ou lors des inondations accidentelles, ont causé pendant plusieurs siècles la destruction de tous les ponts qui ont été successivement construits à Moulins, malgré toute l'habileté et les efforts des constructeurs les plus expérimentés et les dépenses énormes qu'on y a faites. Les années 1420, 1435, 1579, 1630, 1685, 1689 furent marquées par les désastres du pont. Mansard, le célèbre Mansard, l'architecte privilégié de Louis XIV, le créateur de l'hôtel des Invalides et de Versailles, ne put lui-même dompter cette cause de ruine sans cesse renaissante, et le beau pont qu'il avait construit fut également, en 1700, entraîné par les eaux lorsqu'il était à peine terminé. Cependant, un pont sur ce point où passe une des principales route de France, était d'une impérieuse nécessité. On ne se découragea point, et M. de Régemortes, premier ingénieur des *Turcies et levées*, comme on disait alors, fut chargé, en 1750, de l'exécution d'un nouveau pont. C'est à son génie et à sa science que l'on doit le beau pont que l'on voit aujourd'hui, qui fut terminé en 1763 après treize ans de travaux, et dont la solidité éprouvée par plus de 60 ans de durée sans réparations importantes, a résisté aux crues d'eau les plus violentes. Ce pont a mérité d'être cité comme un modèle et peut encore être regardé comme un des plus beaux ponts de France. Le pont de Moulins, tout en pierre, est composé de treize arches égales à plein cintre de 20 mètres d'ouverture chaque, formant une longueur totale de 300 mètres sur 14 de largeur, et sa surface est parfaitement de niveau dans toute son étendue sans aucune courbure. Les détails des travaux immenses que l'établissement de ce pont a nécessités sont très curieux pour l'histoire de l'art, et prouve toute la science et l'expérience de l'habile ingénieur qui en a été chargé. On les trouve dans différents ouvrages publiés et dans les archives de la mairie de Moulins ainsi que les plans.

Casernes de cavalerie. — Sur la rive gauche de l'Allier, à droite du beau pont que nous venons de décrire, à l'entrée du faubourg de la Madelaine, sont situées les casernes, dont la première pierre fut posée en 1770. Cet établissement resta longtemps inachevé, de nouveaux travaux ordonnés par le ministre de la guerre, en 1844 et 1845, ont terminé et agrandi ces belles casernes qui se recommandent moins par le style de l'édifice que par la situation, l'étendue et la bonne disposition; elles sont des plus importantes de France, et peuvent contenir un régiment de cavalerie tout entier.

Salle de spectacle. — Les salles de spectacles étaient rares en province, il y a soixante ou quatre-vingts ans; les représentations dramatiques régulières n'ont pas elles-mêmes une origine très ancienne, et les troupes ambulantes, même celle de Molière, ont souvent joué sur des tréteaux ou des théâtres improvisés. A Moulins, jusqu'à la Révolution de 89, c'était une salle basse et enfumée de l'hôtel Maltaverne, hôtel-de-ville alors, qui servait à la fois de salle de concert, de bal et de spectacle. Là, tout le monde, riches et pauvres, venaient s'entasser sur de mauvaises chaises ou des bancs de bois, et on s'amusait parce qu'alors on savait s'amuser de tout, et qu'on avait le bon esprit de ne pas faire les difficiles. C'est dans cette salle que J.-J. Rousseau passant par Moulins, en revenant de Lyon, assista à une représentation de son *Devin du Village*, dont on lui fit les honneurs; il en fut charmé, il fit de grands compliments à l'actrice qui avait rempli le principal rôle et qui était jolie, et prétendit qu'il ne s'était jamais tant amusé. Lorsqu'après les agitations révolutionnaires de 93, le calme revint dans les esprits, le goût des plaisirs reprit avec d'autant plus d'ardeur qu'on en avait été plus longtemps privé. Le théâtre eut la vogue, on établit dans différentes villes des salles de spectacles, la plupart improvisées dans quelque vieil édifice hors de service et qu'on utilisait ainsi, tel qu'une église supprimée, un ancien Jeu-de-Paume, etc. C'est ainsi qu'à Moulins la petite église du couvent de Sainte-Claire, près le cours de la préfecture, fut métamorphosée en théâtre, où bientôt les œuvres de Molière, Marivaux, Corneille et Racine, voire même quelques opéras de Grétry ou de Méhul, furent joués sur une scène de quelques mètres carrés, en présence d'un public nombreux. Cette vogue dura quelque temps, mais la centralisation impériale, compliquée bientôt des susceptibilités et des préjugés de la Restauration, a porté un coup funeste à la province, et pour *maintes gens de bon goût*, il n'y a plus aujourd'hui d'esprit et de talents qu'à Paris. Cependant, vers la fin du règne de la Restauration, il s'opéra dans la société française, et à Moulins peut-être plus qu'ailleurs, une sorte de réaction nouvelle en faveur des plaisirs ; ici c'était un ancien instinct qui se réveillait. On croyait, comme on le disait alors, l'abîme des révolutions à jamais fermé, et toutes ces aristocraties, surgies inopinément de points si divers, tendaient à s'unir, à se rapprocher, poussées peut-être par une influence occulte en vue d'événements qui se préparaient. Les idées de bals, de concerts, de spectacles, de réunions publiques, fermentaient dans les esprits comme moyens de conciliation générale. Mais à Moulins, ville élégante et fashionnable pouvait-on se compromettre dans une salle ignoble, trop petite et devenue décrépite, dans une salle révolutionnaire où la scène avait profané le sanctuaire ?

Il fut donc question de bâtir une salle de spectacle, mais les événements de 1830 et l'avénement d'une nouvelle dynastie mirent de nouveau le trouble dans la société ; au lieu de se tendre la main, on se tourna le dos, et la nouvelle salle de spectacle fut ajournée quelque temps. Le projet cependant

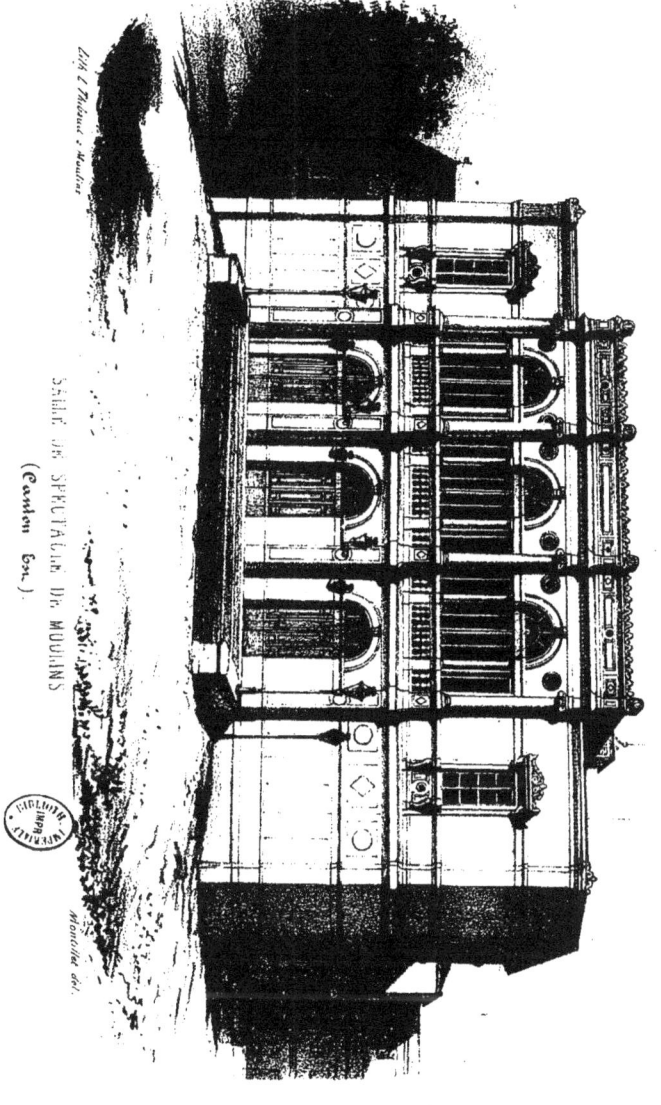

SALLE DE SPECTACLE DE MOULINS
(Canton Est.)

n'en fut point abandonné, et les *satisfaits* de l'époque (il y en a pour tous les régimes) le reprirent en sous-œuvre et en décidèrent l'exécution. Mais les derniers mots n'étaient pas dits, le choix de l'emplacement fut une grande affaire. Moulins, comme presque toutes les villes, a son faubourg Saint-Germain et son faubourg Saint-Marceau, sa Chaussée-d'Antin et son quartier Saint-Denis, c'est-à-dire qu'une portion de la ville est habitée par les industriels, les marchands, les oisifs le peuple qui travaille, et l'autre partie par les gens de loisir, les riches, etc., gens qui ne travaillent pas, mais qui dépensent et consomment. Chacun voulait que le monument fût placé exclusivement à sa convenance et l'accaparer à son profit; la ville fut divisée en deux camps ennemis, chacun à son point de vue faisait valoir d'excellentes raisons, soit comme intérêts, soit comme prérogatives. La lutte fut longue et le terrain chaudement disputé; mais l'élément démocratique si refoulé depuis par ceux-mêmes qui l'avaient développé en 1830, avait alors un certain essort; il l'emporta et la salle de spectacle fut élevée dans un lieu peu propice, il est vrai, mais qui, par la position de l'embarcadère du chemin de fer du Centre, devient un point central pour la ville. L'exécution de la salle fut mise au concours, les plans et les devis présentés par M. Hippolyte Durand, architecte de Paris, furent acceptés, l'ensemble en est satisfaisant quoique dans certaines parties l'exécution et la distribution laissent à désirer. L'œuvre de M. Durand a eu quelques détracteurs mais n'a point été l'objet d'une critique impartiale, appuyée sur des principes reconnus et judicieusement raisonnés, faisant sans passion et sans préjugé la part de l'éloge et du blâme. Nous ne nous chargerons point de cette tâche parce qu'elle exigerait des développements trop étendus pour trouver place ici, et qu'aujourd'hui d'ailleurs la seule critique comprise par le public n'est, en toutes choses, qu'une critique de sentiment vain et stérile à l'usage des coteries intéressées qui la provoquent; ce n'est pas la nôtre et nous préférons le silence.

Industrie, commerce. — C'est une question difficile à résoudre de savoir si Moulins, sous le rapport du commerce et de l'industrie, a été plus florissante autrefois qu'aujourd'hui, malgré le témoignage du poëte Boileau qui visitait cette ville en 1687 et la citait comme une ville *très marchande et très peuplée.* Nous ne pensons pas qu'elle ait jamais été un grand centre d'action et d'affaires, il est probable que quelques industries ont perdu ou gagné, suivant la différence des besoins et les modifications diverses subies à différentes époques. Il est même certain que, depuis les événements de 89, on a fait d'assez grands efforts pour y établir des manufactures, des usines, etc., qui ont eu peu de succès ou même ont été promptement ruinées. C'est peut-être à cette inaptitude pour les grandes affaires ou à l'impossibilité d'en faire que les habitants de Moulins doivent le calme et la sécurité dont ils jouissent et le bien-être et l'aisance répandues à peu près dans toutes les classes, n'étant point exposés à ces revirements de fortune, à ces fièvres ruineuses de spéculations, à ces concurrences dévorantes, à ce paupérisme sans cesse renaissant, fléaux ordinaires des grandes cités industrielles.

Cependant on n'est point inactif, le travail industriel et le commerce, surtout le commerce local et de détail s'y fait avec une certaine étendue; la coutellerie y a été de tout temps renommée et l'est encore malgré la concurrence de Paris et d'autres localités. La culture de vers à soie, qui a été longtemps une des principales occupations de quelques maisons religieuses, est devenue avec d'assez grands succès celle de plusieurs particuliers. L'ébénisterie et la fabrication des meubles y a acquis un grand développement et une grande perfection. La tannerie, la corroierie et la bourrellerie, produisent des articles qui sont en grande réputation sur les marchés du Midi, à Beaucaire, à Marseille, où l'on peut livrer de dix à douze mille cuirs travaillés par an. Les fabriques de bas, de couvertures; les corderies sont encore autant d'industries qui sont en pleine prospérité. La typographie, la lithographie et la librairie y comptent deux maisons importantes, l'une s'est déjà fait connaître par de nombreuses publications, de splendides éditions illustrées : telles que l'*Ancien Bourbonnais* et l'*Ancienne Auvergne*, des Missels et une publication mensuelle, sous le titre de l'*Art en Province*. Tous ces travaux ont obtenu une juste célébrité et des récompenses honorables; la seconde a publié aussi divers ouvrages importants, tels que : un *Album de l'expédition romaine en* 1849; une belle *Carte topographique du département de l'Allier*, et plusieurs autres publications utiles et de luxe; enfin, nous aimons à penser que le public saura apprécier comme elle le mérite cette présente publication sur le département de l'Allier, sortie de ses presses.

HISTOIRE, ÉVÉNEMENTS ET FAITS MÉMORABLES.

La ville de Moulins n'a point d'origine antique. Malgré l'obscurité qui enveloppe l'histoire de ses premiers temps, il ne paraît pas qu'elle remonte au-delà du xe siècle; elle avait une certaine importance aux xiie et xiiie siècles ; mais sa prospérité et son développement datent particulièrement de l'année 1368, époque où les ducs du Bourbonnais commencèrent à y faire leur résidence habituelle. Nous avons vu qu'ils avaient là, dès l'origine, un rendez-vous de chasse et une maison de plaisance qui depuis devint un riche palais. La ville fut bientôt une ville close, et elle eut successivement plusieurs enceintes de fortifications dont à peine on retrouve les traces aujourd'hui. Elle avait alors quatre portes défendues par des tours à machicoulis et par des ponts-levis, la place était sûre et forte, et les habitants de plusieurs paroisses voisines avaient le droit de venir s'y mettre à l'abri dans les temps de troubles. Cependant, grâce à sa situation, au centre de la France, elle a eu peu à souffrir des guerres étrangères et n'a pas eu de luttes bien importantes à supporter. Les Anglais seuls, firent quelques incursions dans les environs, vers le commencement du xive siècle, et pillèrent le couvent des Carmes qui était hors les murs. Depuis, dans les guerres de religion, dans celles dites de la Praguerie et du Bien Public, elle fut souvent attaquée, ses faubourgs furent dévastés et brûlés ; mais cette ville n'a jamais soutenu de siége régulier et n'a jamais été prise.

L'histoire de la ville de Moulins, en cela, n'a donc rien de bien intéressant, et les seuls événements dont elle ait été le théâtre, se rapportent aux changements d'administration, au séjour des ducs, aux passages des rois, et aux dissensions fréquentes entre les différents établissements religieux, dissensions dont nous avons dit un mot suffisant en parlant des édifices religieux. Sous le règne de Louis XI, la ville de Moulins fit des fêtes magnifiques pour la réception d'Anne de France, fille du roi, devenue duchesse de Bourbon. Une fête plus mémorable encore et telle, dit un historien (1), *qu'un roi de France serait peut-être bien empêché d'en faire une pareille*, fut donnée, en 1517, à l'occasion du baptême du fils du connétable Charles de Bourbon, fête à laquelle vint assister le roi lui-même, et une foule innombrable de seigneurs, de gentilshommes et de peuple ; on y accourut de toutes parts, et jamais on ne vit une telle abondance de festins, de joûtes, de tournois, de mascarades, etc.

En 1547, on célébra encore à Moulins, avec une grande magnificence, les noces de Antoine de Bourbon et de Jeanne d'Albret, la mère d'Henri IV, qui, devenu roi lui-même, visita aussi Moulins en 1595, et y fut reçu avec pompe. En 1649, Louis XIV et Anne d'Autriche, en revenant de Lyon, séjournèrent à Moulins, et furent enchantés de la bonne et brillante réception qui leur fut faite. Enfin le pape Pie VII et Napoléon ont encore visité Moulins. Nous passons sous silence quel-

---

(1) Brantôme.

ques autres réceptions, quelques autres fêtes moins importantes ou moins renommées.

Mais si quelques événements joyeux ont en diverses circonstances récréé les habitants de Moulins, ils ont eu aussi à souffrir de quelques événements sinistres, d'abord des incendies : tels que celui qui, en 1755, détruisit la plus grande partie du palais ducal ; celui, en 1778, qui détruisit l'horloge ; un autre qui brûla plus de quatre-vingts maisons et quelqu'autres moins importants, mais arrivés d'autant plus fréquemment dans divers quartiers de la ville, qu'on fut très longtemps privé des secours nécessaires dans ces occasions, puisque ce ne fut que vers la fin du xviii° siècle que l'on commença à avoir des pompes et des seaux.

Des pestes et des maladies épidémiques ravagèrent la ville en 1440, 1547, 1586, 1597, 1602, 1652 et 1656, et moissonnèrent chaque fois une grande quantité d'habitants, surtout la peste de 1547, qui fut tellement meurtrière que les autorités et les tribunaux délibérèrent s'ils ne devaient pas siéger ailleurs. On faisait encore, en 1789, une procession solennelle en vertu d'un ancien vœu fait par la ville, en 1632, à Sainte-Rosalie, pour être préservée du retour de ces calamités. Déjà, en 1629, en pareille occasion, les habitants avaient fait le vœu de brûler jour et nuit devant l'image de la Vierge une ceinture de cire qui égalait en longueur le tour de la ville et des faubourgs, et qu'on appelait la *Bougie de la Roue*.

De fréquentes inondations ont encore plus d'une fois ajouté aux calamités dont eut à souffrir la ville de Moulins, surtout l'inondation de 1790, dont les eaux, après avoir submergé les digues et les levées, s'étendirent dans une partie de la ville, creusèrent de profonds ravins et ne permirent de circuler qu'avec des barques.

Enfin dans d'autres circonstances, et notamment dans les dissensions civiles et les guerres de religion, des luttes intestines causèrent le massacre horrible de plusieurs habitants et des exécutions sanguinaires dont l'humanité eut à gémir.

L'histoire de la ville de Moulins offre encore quelques faits intéressants qui doivent trouver place ici.

C'est à Moulins qu'eut lieu, en 1517, le dernier duel autorisé par ordonnance du roi et en sa présence, duel entre Hélyon de Barbançois, seigneur de Sargay, et Jean de La Tour, seigneur de Château-Roux. Il eut un grand retentissement, et les historiens Dubellay et Brantôme en ont parlé très au long ; les deux combattants, après s'être noblement servi de leurs épées, finirent par se prendre au corps, la dague en main, et la mort de l'un deux allait s'ensuivre, si le roi n'eût jeté entre eux son baton royal pour les séparer et prononcer la sentence qui, après cette épreuve, rendait l'honneur à tous deux.

En 1566, le roi Charles IX et la reine Catherine de Médicis convoquèrent à Moulins une assemblée des Etats à laquelle assistèrent le cardinal de Lorraine, l'amiral de Coligni, le chancelier de l'Hospital et beaucoup d'autres grands personnages. Elle avait pour but de remédier aux maux qui alors désolaient la France et que le chancelier de l'Hospital exposa avec force, en disant combien le *peuple* et surtout l'*habitant des campagnes* avait *à souffrir des insolences, des brigandages et des cruautés sans fin des militaires et des gentilshommes* ; il soutint *que tous ces malheurs provenaient de la licence et de l'impunité, et que les juges, amis dévoués ou esclaves rampants des grands, n'employaient leur pouvoir qu'à tolérer ou protéger même les attentats des plus forts contre les plus faibles*, etc., etc., et il proposa des réformes diverses dans le gouvernement et dans l'administration de la justice ; il voulut que les juges fussent soumis à la censure et eussent à rendre compte de leurs jugements ; mais *alors* comme *aujourd'hui*, toutes ces observations pleines de sagesse ne furent pas accueillies avec grande faveur par l'assemblée. Néanmoins, après bien des débats et des dissensions, on rédigea un édit, connu sous le nom de l'*ordonnance de Moulins*, et qui renferme des dispositions utiles et d'un grand intérêt.

En 1572, Henri III fonda à Moulins *la compagnie des chevaliers de l'oiseau* pour tirer ce qu'on appelait le *pape-gay* avec l'arbalète, l'arquebuse et l'arc, et former ainsi à l'exercice des armes et au service du roi la jeunesse de Moulins. Celui qui abattait l'oiseau jouissait de très grands priviléges; l'endroit où avait lieu cet exercice était sur un terrain situé entre ce qu'on appelle aujourd'hui le boulevard de Pont et la rue de l'Oiseau. Cette compagnie fut composée dans le principe de presque tous les notables de la ville, et s'est maintenue dans un état florissant jusqu'à l'année 1789.

La ville de Moulins fut administrée par des consuls nommés par les bourgeois, jusqu'en l'année 1508, époque où Anne de France et le connétable de Bourbon accordèrent le privilége d'élire un maire et quatre échevins. Ce ne fut qu'en 1587 que Moulins devint le centre d'une généralité qui comprenait sept élections, et eut des intendants. La même année on y établit un bureau des finances qui remplaça la chambre des comptes du duché; c'était aussi le centre d'une châtellenie royale et d'une sénéchaussée.

Aujourd'hui on trouve à Moulins une préfecture, un tribunal de première instance, un tribunal de commerce, une direction des impositions directes et indirectes, une direction de l'enregistrement et des domaines, une chambre consultative des manufactures, une société d'économie rurale, une école normale, une société d'agriculture et une société d'émulation, etc., indépendamment des autres établissements, soit religieux, soit d'administration et d'utilité publique, dont nous avons déjà parlé et de ceux-même dont nous ne faisons point mention parce qu'ils sont communs à presque toutes les localités.

MOEURS, CARACTÈRE DES HABITANTS.

Voici sur ce sujet ce qu'écrivait un voyageur qui a publié un petit ouvrage sur les excursions qu'il fit en France, vers le commencement du xvii° siècle.

« Vous ferez très aisément connaissance et vous serez bien-
» tôt lié avec les habitants de la ville, en compagnie desquels
» vous passerez de joyeux moments, loin des tourments et des
» inquiétudes qui attristent la vie, car tel est le caractère des
» habitants de ce lieu. Vous serez conduit à des festins, intro-
» duit dans les sociétés, admis dans les cercles et dans les bals,
» mené dans les jardins et dans la compagnie des dames, vous
» jouirez des charmes d'une agréable conversation et vous
» vous formerez à la délicatesse et à la galanterie de la langue
» française. »

A cet éloge qui était mérité dans le temps et serait encore vrai aujourd'hui à beaucoup d'égards, malgré les modifications que des causes politiques et autres ont introduit et introduisent chaque jour dans les relations sociales, nous ajouterons ce qu'ont dit sur le même sujet les intendants de Moulins dans leurs mémoires qui avaient alors un caractère officiel et faisaient en quelque sorte autorité.

« La grande préoccupation des hommes est de se créer une
» existence douce et commode, chacun y exerce sa profession
» avec honneur, mais sans beaucoup s'y attacher ni vouloir se
» contraindre. Tout le monde y jouit d'un bien-être à peu près
» égal selon son état, il y a peu d'émulation et on cherche peu
» à s'élever et à se distinguer au-dessus des autres. Les beaux-
» arts et les sciences y sont négligés ; on y a peu d'ambition et
» on y apprécie peu les avantages des grandes entreprises et
» des affaires industrielles et commerciales, on préfère à tout
» cela les calmes joies de la vie domestique. Les femmes ont
» été de tout temps coquettes et peu circonspectes dans leur
» conduite, adonnées surtout au jeu, d'un esprit léger, etc.
» Mais ces défauts (bien moins connus aujourd'hui) sont ra-
» chetés par d'éminentes qualitées, telles qu'une touchante
» bienveillance pour tout le monde, une charité des plus éten-
» dues envers les pauvres, une grande indulgence dans leurs
» jugements qui les rends moins médisantes que par tout

» ailleurs, beaucoup d'affabilité envers les étrangers, une
» grande aménité de caractère et de ces manières gracieuses et
» faciles qui concilient les cœurs. »

De tout ce qu'on a écrit avec plus ou moins de justice et de sévérité sur les mœurs et le caractère des habitants de Moulins, nous nous bornons à ces deux citations qui, à peu de chose près, résument le passé et le présent.

Personnages célèbres.

D'après ce que nous venons de dire sur le caractère des habitants de Moulins et leur peu d'aptitude aux arts, aux sciences et à la littérature, on peut croire que cette ville a produit peu de personnages célèbres; mais il y a à tout des exceptions, et la liste des hommes qui ont acquis quelque illustration à différents titres est assez nombreuse, trop même, pour que nous ne soyons pas obligés de nous borner ici aux plus notables. Nous les désignerons donc très sommairement en suivant l'ordre alphabétique.

Ancelot (J.-P.-Adolphe), docteur en droit, né en 1815, a publié des réflexions sur la manière d'étudier la poésie dans les colléges.

Andraud, auteur dramatique, né à la fin du xviii° siècle.

Arnaud, habile mécanicien, né en 1790, mort en 1820, possédait un secret pour la trempe des limes.

Auroux des Pommiers, jurisconsulte, né vers la fin du xvii° siècle, auteur de *Commentaires sur la coutume du Bourbonnais*, fort estimés.

Baud, médecin, né dans le xvi° siècle, auteur d'un ouvrage sur les *Eaux célèbres de France*.

Bayle-Mouillard, né vers 1800, poète et polygraphe, auteur de plusieurs *Manuels à l'usage des dames*.

Bérigard, dit Beauregard, né en 1578, docteur en philosophie et médecin, auteur de plusieurs ouvrages philosophiques.

BERROYER (Claude), né en 1735, savant avocat, auteur d'une *Bibliothèque des coutumes*.

BERAUD DES RONDARDS, né en 1782, député, écrivain politique, auteur *des Souvenirs parlementaires* et d'un *Recueil de Fables*. Mort récemment.

BÉRAUD (J.-B), né en 1800, historien, écrivain politique, auteur d'une *Histoire des ducs de Bourbon et des comtes de Champagne*.

BERWICK (J.-Fitz-James, duc de), maréchal de France, né en 1671, tué au siége de Philisbourg en 1734.

BODIN (Hippolyte), né en 1800, avocat et journaliste, a été rédacteur en chef de la *Gazette constitutionnelle de l'Allier*.

BOUILLET (Jean), né dans le XVIIe siècle, théologien et historien ecclésiastique, auteur d'un *Abrégé historique des Conciles généraux*.

BOURNIER (Etienne), né vers 1580, avocat et poète, auteur du *Jardin d'Apollon et de Clémence*.

CARMONE (Christophe), né en 1458. Louis XI le tira du collége des avocats de Moulins pour le faire conseiller au parlement de Paris, puis procureur-général et maître des requêtes. Louis XII lui confia plusieurs missions importantes et il fut président du parlement de Dijon.

CHANTECLERC (Charles), né en 1495, fut conseiller au parlement de Paris ; il est auteur de quelques ouvrages latins sur l'histoire et la politique.

CHAMPFEU (le comte P. de), né en 1776, poète, écrivain auteur d'une traduction de la *Guerre de trente ans*, de Schiller.

COIFFIER DE MORET (Simon), chevalier de Saint-Louis, né en 1764, historien, devenu recteur de l'Académie d'Amiens, auteur d'une *Histoire du Bourbonnais*.

CONNY (Félix, comte de), né vers 1789, député de l'Allier, auteur *d'une Histoire de la Révolution française* et autres ouvrages.

CORDIER (Jean), né dans le xvie siècle, savant jurisconsulte, auteur de plusieurs *Traités de jurisprudence*.

CHOISI (N.), né en 1721, s'engagea comme trompette dans un corps de troupes légères, et est mort cordon rouge et lieutenant-général après de glorieuses campagnes et avoir passé par tous les grades.

COURTILLIE (Victor-Max), né en 1820, devenu chirurgien-major, auteur d'*un Essai sur l'Hygiène des Mères*.

DELORME (Charles), né en 1584, premier médecin de Henri IV et de Louis XIII.

D'AUVERGNE (Antoine), né en 1713, d'abord musicien de la chapelle du roi, depuis directeur de l'Opéra de Paris, auteur de plusieurs *Recueils de musique* de théâtre et d'église.

DINET (Gaspard), né en 1559, religieux de l'ordre des Minimes, devint général de l'ordre et mourut évêque de Mâcon avec une grande réputation de science et de mérite.

DUFOUR (G.), avocat, né en 1820, auteur d'un savant *Traité du Droit administratif*.

DURET (Claude), né en 1570, président du présidial de Moulins, honoré de la confiance d'Henri IV, auteur *d'un Traité de l'histoire des langues de cet univers*.

GAULMIN (Gilbert), né dans le xvie siècle, 1585, fut lieutenant criminel au présidial de Moulins, mérita des éloges du cardinal de Richelieu, pour la manière dont il conduisit le procès fait à Michel Morin, accusé de magie ; il fut réputé homme d'esprit et est auteur *de Commentaires sur les opérations des démons, de Psellus*, ainsi que sur *les amours de Rhodante et de Dosiclès*, *de Brodzonnes* et sur le faux *Calisthène*. Il mourut conseiller d'Etat et laissa une riche bibliothèque qui a été achetée par l'Etat et incorporée dans la bibliothèque nationale.

GRIFFET (Henri), né en 1698, jésuite, professeur au collége de Louis-le-Grand, prédicateur du roi. Voltaire le cita comme un Pinde de science, et est auteur de beaucoup d'ouvrages estimés. Plusieurs personnages de ce nom et de la même famille se sont distingués par leur savoir et leur mérite.

HUTGAR (Pierre), né dans le XVIIᵉ siècle, médecin. A laissé plusieurs *Traités de médecine* estimés.

LAVAL (Antoine de), premier géographe du roi, maître des eaux et forêts du Bourbonnais, auteur des *Dessins et professions nobles,* etc.

LÉDARD, né dans le XVIIᵉ siècle, peintre d'histoire.

LINGENDES (Claude de), né en 1591, fut un des plus habiles prédicateurs de son temps; il a laissé trois volumes de sermons, il les écrivait en latin et les prononçait en français. Plusieurs autres de ce nom et de la même famille ont obtenu une haute réputation.

ORVILLIERS (Gilbert d'), né dans le XVIIIᵉ siècle, habile marin, commandait la flotte française dans l'affaire d'Ouessant, contre les forces anglaises. Il eut le titre de vice-amiral et fut cordon rouge.

PERONNET, né en 1820, peintre connu par son tableau d'Agar et d'Ismaël.

PERREAU (Pierre), né dans le XVIIᵉ siècle, médecin, auteur des *Singularités de la fontaine de Saint-Pardoux.*

PERREUL (Adolphe), né en 1810, écrivain, économiste, a publié *le Citateur, ou bibliothèque des campagnes.*

PRIEUR (J.-B.), né vers 1798, médecin, auteur d'un *Traité sur les médications propres à chaque âge.*

REGNAUDIN (Thomas), né en 1627, célèbre sculpteur de l'académie royale de peinture et sculpture, auteur *des bas-reliefs* de la chapelle de la Visitation de Moulins, d'une des *figures du tombeau de Montmorenci,* de l'*enlèvement de Cyballe,* dans le jardin des Tuileries, et de l'*automne et Faustine,* dans les jardins de Versailles, etc., etc.

ROCH (Antoine), poète romancier, né vers 1800, auteur de plusieurs romans et d'un dictionnaire du budget.

SAINT-AUBIN (Jean de), né en 1587, jésuite, professeur de

CHATEAU DE BRESSOLES
(Canton sud de Moulins)

réthorique à Bourges, prédicateur renommé, auteur d'une histoire ecclésiastique de la ville de Lyon.

TOURRET (Gaspard), né en 1780, auteur dramatique. On a de lui *les Acteurs par hasard, les deux Etudiants, les Femmes et le Secret, les Vendanges de Bagnolet*, etc.

TROCHEREAU, né au commencement du XVIIe siècle, religieux du couvent des Petits-Augustins, à Paris. Cité dans une description de Paris comme ayant exécuté avec un rare talent plusieurs livres d'église en manuscrits, ornés de peintures admirables.

VILLARS (Louis-Hector de), né en 1653, maréchal de France, vainqueur à Denain.

Moulins est à 30 myriamètres de Paris et à 18 myriamètres de Lyon.

Aubigny. — Étendue, 3,714 hectares ; — population, 286 habitants ; — maisons, 41. — Village ; on y remarque une petite église de style roman. A 1 myriamètre 6 kilomètres de Moulins.

Avermes. — Étendue, 1,551 hectares ; — population, 574 habitants ; maisons, 137. Petit village sur la rive droite de l'Allier, dans une position pittoresque et où plusieurs habitants de Moulins possèdent de charmantes maisons de campagne. Il existait autrefois dans cette commune un Temple protestant, aujourd'hui il n'y a plus d'église pour aucun culte. A 1 kilomètre de Moulins.

Bagneux. — Étendue, 2,487 hectares ; — population, 403 habitants ; — maisons, 64. Village où l'on voit encore la place d'un ancien château. A 1 myriamètre 5 kilomètres de Moulins.

Bressolles. — Étendue, 2,585 hectares ; — population, 683 habitants ; — maisons, 135. Village sur un côteau élevé qui domine la route de Moulins à Clermont sur la rive gauche de l'Allier ; on y voit un beau château qui offre des constructions de diverses époques, situé au milieu d'un vaste parc distribué à l'anglaise. L'église du village, qui n'était primitivement qu'une petite chapelle de style roman, a été détruite et remplacée tout récemment par une église moderne. A 4 kilomètres de Moulins.

Coulandon. — Étendue, 1,692 hectares ; — population, 641 habitants ; — maisons, 132. Village près la petite rivière de la Queune, sur la route de Moulins à Montluçon ; on y voit un ancien château et une église romane. Cette commune produit des bois estimés, elle a des prairies artificielles et possède trois carrières d'excellentes pierres qui sont d'un bon produit. Une d'elles est de granit porphirisé très dur et serait susceptible de prendre un beau poli. A 4 kilomètres de Moulins.

Gennetines. — Étendue, 3,900 hectares ; — population, 644 habitants ; — maisons, 60. Village sur l'Abron, entouré de bois bien pourvus de gibier. A 8 kilomètres de Moulins.

Montilly. — Étendue, 2,231 hectares ; — population, 710 habitants ; — maisons, 122. Cette commune est traversée par la route de grande communication, n° 13, de Moulins au Veurdre et à Lurcy ; on y trouve une église romane assez curieuse ; le plateau sur lequel le village est situé est planté d'arbres fruitiers, et le territoire produit des céréales et des vins de bonne qualité dans une partie de son étendue ; l'autre est occupée par une portion de la forêt de Bagnolet. On trouve encore dans cette commune des carrières de pierre de diverses espèces et un port sur la rivière de l'Allier. A 8 kilomètres de Moulins.

Neuvy. — Étendue, 1,816 hectares ; — population, 813

CLOCHER DE COULANDON
(Canton ouest de Moulins)

CHEMINÉE DU CHATEAU DE MONTARET.
(Canton est de Moulins)

CHATEAU DE TOURY

(Canton Ouest de Moulins)

CHATEAU DE CONFAY.
(Pavillon ouest du Moulin.)

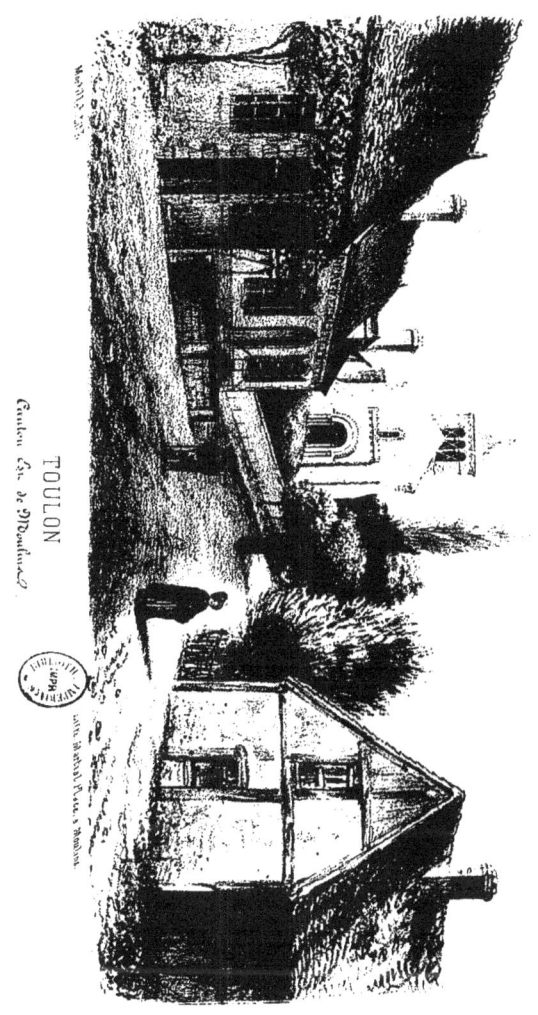

TOULON
Toulon Cu de Moulins

CHÂTEAU D'AVRILLY
Canton ouest de Moulins.

habitants; — maisons, 147. Commune placée sur une petite élévation d'où l'on jouit d'un fort beau coup-d'œil. L'église, du style roman le plus ancien, est fort petite mais assez curieuse; on y remarque surtout la forme angulaire de la partie supérieure des ouvertures du clocher. Cette commune est arrosée par la Queune. A 4 kilomètres de Moulins.

Saint-Ennemond. — Étendue, 3,087 hectares; — population, 652 habitants; — maisons, 111. Commune dont le territoire produit beaucoup de bois. A 1 myriamètre 2 kilomètres de Moulins.

Toulon. — Étendue, 3,867 hectares; — population, 855 habitants; — maisons, 141. — Village traversé par la route nationale de Moulins à Lyon. Le territoire produit des céréales et du vin; on y trouve six moulins à blé et une maillerie à écorces, l'église est de style roman. A 4 kilomètres de Moulins.

Trevol. — Étendue, 3,974 hectares; — population, 858 habitants; — maisons, 182. Village à 6 kilomètres de Moulins. C'est dans cette commune que se trouve le beau château d'Avrilly, entouré d'un vaste parc.

Villeneuve-sur-Allier. — Étendue, 5,177 hectares; — population, 1,194 habitants; — maisons, 196. Bourg situé dans une plaine des plus fertiles près la source de l'Aumance, et traversé par la grande route de Moulins à Paris; on l'appelait anciennement Villeneuve-aux-Bréchards. C'est là que se retirèrent les troupes du duc Louis II, après la prise de La Roche. Le chancelier de Belperche qui en était seigneur dans le XIIIe siècle, y avait fondé huit vicairies qui ont été réunies depuis au chapitre de Moulins, et avait bâti un château qui existait encore dans le XVIe siècle, mais dont on ne trouve pas même aujourd'hui l'emplacement. Villeneuve était une dépendance de la paroisse de Lucenat dont l'église est aujourd'hui détruite. On trouve près de là le château de Riaux, ancien château-fort remis à la moderne. A 1 myriamètre 2 kilomètres de Moulins.

Iseure. — Étendue, 4,291 hectares; — population, 2,475 habitants; — maisons, 536. Cette commune est citée dès le viii° siècle, et malgré le peu de renseignements que l'on possède, il est certain qu'à cette époque il y avait une église paroissiale et une abbaye, car on connaît un acte par lequel un certain Hildebrand, comte de Matric, céda à l'abbesse du monastère d'Iseure les droits qu'il possédait sur la vignerie d'Iseure; cet acte est daté de 817, et cette commune est du très petit nombre de celles dont il soit fait mention à une époque aussi reculée. Depuis, ce monastère fut donné avec toutes ses dépendances au chapitre de Nevers qui le concéda ensuite à titre de fief aux sires de Bourbon qui l'ont possédé jusqu'en 1150, époque où il fut réuni à l'abbaye de Saint-Menoux jusqu'à son entière destruction.

Nous avons vu ci-dessus à l'article de Moulins que cette ville pendant longtemps n'eut d'autre église paroissiale que celle d'Iseure, et que cet état de chose ne cessa en partie qu'à l'établissement du chapitre et de deux succursales vers le milieu du xiv° siècle. L'histoire de la paroisse et du monastère d'Iseure, depuis 1150 jusqu'à la Révolution de 89, n'est qu'une longue suite de procédures scandaleuses, soit entre les curés et les abbesses, soit avec d'autres parties, pour des droits contestés et des intérêts mondains dont les détails consignés dans divers ouvrages sur le Bourbonnais et dans les archives sont assez curieux pour ceux qui recherchent les particularités de l'histoire du Moyen-Age, mais ne peuvent trouver place ici. Un manuscrit conservé aux archives de la préfecture de Moulins intitulé : *Description chronologique du prieuré d'Iseure,* nous révèle aussi que pendant plus de trois siècles, de 1150 à 1505, les abbesses et les religieux vécurent dans un désordre peu

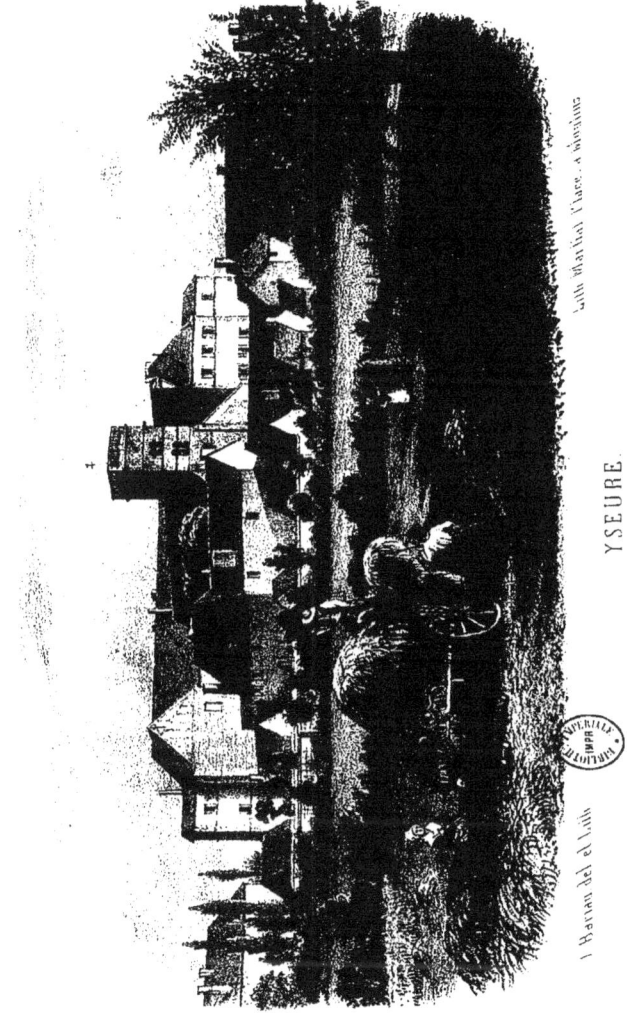

YSEURE.
(Canton Sud de Moulins)

CHATEAU DU PARC
(Vallée de N. Menthon)

édifiant *en libertines, sans clôture, sans offices,* sans marques de religion, etc. Et lorsqu'enfin on voulut les ramener à la réforme et à leurs devoirs, on s'imaginerait difficilement à quel point d'insubordination elles se portèrent. La Révolution de 1789 mit fin à tous ces débats comme à l'existence du monastère. Les religieuses furent dispersées, et leur vaste emplacement fut destiné à faire un hospice départemental ou du moins ce qu'on appelait alors un dépôt de mendicité. L'église conventuelle a été détruite et le reste a subi de grandes modifications. Aujourd'hui le petit-séminaire diocésain y est établi.

L'église paroissiale est un des plus anciens édifices religieux du département, et offre aux antiquaires diverses parties curieuses comme disposition et comme détails. On y remarque, du reste, plusieurs époques; la crypte, la transept et la chapelle du calvaire remontent au moins au xe siècle, et le portail a conservé des restes de peinture primitive. Dans l'intérieur, avant la révolution de 93, on y voyait le tombeau de Jean Simet Du Follet, chambellan de Charles V et de Agnès de Bressolles, inhumé en 1389, et dont les figures étaient représentées en ronde-bosse sur le cénotaphe.

Il y a peut-être peu d'églises où l'on trouve encore autant de statues en pierre et en bois, colorées de vives couleurs, dont quelques-unes d'une assez belle exécution, mais mutilées en grande partie. Enfin le clocher renferme une très belle cloche, fondue en 1754, et qui pèse quatre mille kilogrammes.

La fête de Saint-Marc attire à Iseure une grande affluence de monde, on s'y rend de Moulins en procession avec tout le clergé, la musique, etc., et on y porte l'image du saint qui y est en grande vénération. A la Saint-Jean il se tient encore à Iseure une foire où les domestiques des deux sexes viennent se louer ; mais l'*apport,* ou principale fête d'Iseure, a lieu le lundi de Pâques. Ces fêtes sont fort pittoresques et fort renommées dans le pays. Iseure est à 2 kilomètres de Moulins.

CANTON DE BOURBON.

Son étendue est de 31,935 hectares, divisés en huit communes, qui sont : Bourbon-l'Archambault, chef-lieu ; Buxière, Franchesse, Saint-Aubin, Saint-Hilaire, Saint-Plaisir, Vieure, Ygrande, dont la population totale est de 10,790 habitants. Le sol en est riche, les prairies naturelles y sont abondantes ainsi que les bois, et il contient les forêts de Civrais et de Gros-Bois qui appartiennent à l'Etat. On y fait un grand commerce de bestiaux qui sont conduits sur les marchés de Sceaux, de Poissy et de Lyon.

Bourbon-l'Archambault, ville ancienne, dont l'origine remonte au moins au temps des Romains, ce qui est prouvé par le grand nombre de vestiges de cette époque, répandus et découverts dans toute l'étendue du sol. Les savants affirment que c'est l'ancienne *Aquæ Bormonis*, ou *Borvonis*, que l'on trouve sur les tables romaines.

Son étendue est de 5,484 hectares, la population de 2,975 habitants ; on compte 663 maisons. Elle est située sur la petite rivière de Burge, dans une vallée dominée par trois collines sur lesquelles sont bâtis les faubourgs. Le pays est riche et le sol est formé de granit, de pétrosilex, de silex, de quartz, d'un grès très fin, facile à tailler, et d'une couche de terre végétale très fertile. Tous les environs sont d'un aspect des plus variés et des plus pittoresques, offrant çà et là des prairies, des bouquets de bois, des ruisseaux et des terres bien cultivées.

Les habitants de Bourbon jouissent de toute la gaieté et de

la santé que donnent le bonheur et l'aisance. Ils sont en général bien constitués, s'inquiétant peu de l'avenir et vivent longtemps sous un climat sain, exempt de maladies endémiques et épidémiques, n'ayant à se prémunir que contre les brusques variations d'atmosphère.

La ville est petite, assez mal bâtie, les rues étroites, fort irrégulières et point ou mal pavées, et cette ville n'aurait jamais été qu'une bourgade sans ses eaux thermales et son château qui fut longtemps une place forte importante, le berceau et la résidence de la famille de Bourbon.

Si l'on en juge par les fragments d'antiquités trouvés sur le sol, nul doute que les eaux de Bourbon n'aient été célèbres sous les Romains, qui, comme à Néris et comme partout où ils trouvaient des eaux thermales, avaient formé là un établissement important. Cet établissement sur lequel il n'est resté aucunes notions certaines fut ruiné dans les invasions des barbares et ne redevint florissant que dans les premiers siècles du Moyen-Age; mais l'histoire, pendant tout ce temps, est presque muette sur l'état réel de ces eaux et sur celui des édifices qui leur étaient destinés, et nous savons seulement que dans le xviie siècle les eaux thermales de Bourbon étaient parvenues à un très haut degré de prospérité.

Du reste, l'établissement ne paraît pas avoir jamais été bien splendide. Gaston d'Orléans, frère de Louis XIII, ayant recouvré la santé par l'usage de ces eaux, fit, par reconnaissance, d'importants travaux et renfermer lesdites eaux dans de solides constructions. On y voit, élevée sur un des côtés de la place dite des Capucins, une terrasse contenant trois puits contigus, dont celui du milieu, un peu plus large, est appelé *le gros puits*, et entourés chacun d'une margelle à hauteur d'appui. Ces puits servent d'orifices au réservoir des eaux qui est placé au-dessous d'un autre réservoir d'où partent plusieurs conduits qui vont se rendre soit dans les caveaux du bâtiment thermal, soit dans l'hôpital pour fournir au service des bains et des douches. Ces sources appartiennent au gouvernement ainsi que les bâtiments nécessaires à leur exploitation. L'établissement thermal proprement dit est une simple maison de peu d'apparence, dans laquelle on trouve au rez-de-chaussée et au premier étage seize piscines ou cabinets de bains et de douches, et dans lesquelles l'eau se renouvelle pour chaque malade et sous ses yeux à la température désirée. On y administre des douches descendantes et ascendantes, en plein, en arrosoir et en vapeur, depuis zéro jusqu'à soixante degrés de chaleur. On y administre aussi des douches sur les yeux au moyen d'un appareil inventé par le docteur Faye; toutes les douches sont alimentées par une pompe foulante et aspirante qui élève l'eau à plus de huit mètres de hauteur. Le réservoir de cette pompe et les logements du concierge, du médecin, et quelques autres pièces occupent le second étage.

Le second établissement est l'hôpital des eaux, assez vaste bâtiment où les malades pauvres sont logés, nourris et traités par l'usage des eaux, en boisson, en bains et en douches. Cet hôpital d'ancienne fondation reçut des biens considérables et des donations importantes du cardinal de la Rochefoucaud et du duc de Charost, en 1746, et fut reconstruit en 1754. Près de cent soixante malades peuvent prendre les eaux chaque jour dans les deux établissements, et comme les malades se renouvellent et se succèdent trois à quatre fois pendant la saison qui est de la mi-mai à la mi-septembre, cela porte environ à huit cents, année commune, le nombre de malades qui visitent Bourbon.

Enfin, à quelque distance des puits, il existe un grand réservoir ou bassin entouré de bancs de pierre, destiné aux bains publics ; là, de tous temps, la veille de la fête patronale, une foule de pèlerins à la nuit tombante venaient se baigner pêle-mêle dans une complète nudité, usage qui subsistait encore en 1830, mais que la pudique susceptibilité municipale a interdit depuis. On a observé que dès que ces ablutions en masse ont été défendues, les pèlerinages ont cessé...

Indépendamment des eaux thermales chaudes dont nous venons de parler, il existe encore à Bourbon deux autres fontaines d'eaux minérales froides dont la découverte ne remonte pas à plus de cent cinquante ans, et qui sont réputées très salubres. L'une est la fontaine *Jonas*, découverte par un Suisse du marquis de Souvrai ; elle fournit par heure cent vingt litres d'eau d'une saveur astringente et ferrugineuse qui s'administre en boisson et en douche. L'autre, appelée fontaine de *Saint-Pardoux*, parce quelle provient d'un village de ce nom, à 1 myriamètre 4 kilomètres de Bourbon, fournit par heure deux cents litres d'eau d'une saveur piquante et aigrelette et d'un goût agréable.

Les eaux thermales et minérales de Bourbon ont été citées et analysées par un assez grand nombre d'auteurs. Dès le xvie siècle, MM. Des Trapières et Bourdier, alors inspecteurs, en ont donné chacun un traité, ainsi que Aubery, médecin du duc de Montpensier. Depuis, nous citerons *l'essai sur les eaux thermales et minérales de Bourbon-l'Archambault*, par feu le docteur Faye, et *le précis descriptif et pratique sur les eaux minéro-thermales de Bourbon-l'Archambault*, par M. E. Regnault, médecin inspecteur actuel.

Les eaux thermales sont employées avec succès contre les paralysies, les apoplexies, les rhumatismes, les accidents scrophuleux, les maladies de la peau et de la lymphe, les rétractions musculaires, les suites de plaies d'armes à feu, les maladies des os, quelques afflictions des voies urinaires, quelques unes de l'utérus, etc.

Les eaux minérales de la fontaine de Jonas s'emploient en douches dans les paralysies des nerfs optiques, quelques maladies chroniques des paupières, etc.

Et celles de Saint-Pardoux qui ne se prennent qu'en boisson sont très efficaces pour les maux d'estomac et préférables peut-être aux eaux de Seltz qu'elles pourront remplacer un jour.

On ne trouve point à Bourbon tout le confortable et le luxe dont on jouit à Vichy ou à Néris, ni de ces plaisirs vifs et bruyants qu'y viennent chercher certains visiteurs. On trouve ici quelques hôtels peu somptueux mais bien tenus, des maisons bourgeoises où l'on est reçu avec beaucoup d'affabilité et où l'on vous procure le logement, le linge, les meubles et tout ce qui est nécessaire à la vie. Le pays fournit de bon gibier, d'excellents poissons, des fruits et des légumes de la meilleure qualité, et on s'y procure facilement du vin de Bourgogne préférable aux vins du pays. Indépendamment de quelques excursions agréables dans les environs, les malades jouissent d'une charmante promenade plantée aux frais du maréchal de la Maillerais, au commencement du règne de Louis XIV, et embellie par les soins de Madame de Montespan ; elle domine, du haut d'une terrasse, un assez vaste jardin anglais établi il y a peu d'années et au milieu duquel s'élève un élégant pavillon qui sert de salon, de réunion de musique ou de danse.

La dépense journalière à Bourbon pour les personnes aisées s'élève à 5 ou 6 francs par jour, et 3 ou 4 francs pour les personnes qui sont obligées de faire des économies ; chaque bain et chaque douche coûte 1 fr. 25 c., et chaque bouteille d'eau minérale pour boisson 40 centimes.

Le château de Bourbon dont on voit encore des restes imposants fut un des plus importants et des plus célèbres du Bourbonnais ; on présume qu'il fut d'abord une forteresse placée à la frontière d'où les Francs résistaient aux invasions des populations aquitaniques. Ce château appartenait au comte de Bourges, lors des guerres entre Pépin et Waipher, vers la moitié du VIIIe siècle, et fut assiégé et pris par Pépin qui en fit don dans la suite à des seigneurs qualifiés barons de Bourbon, dont le nom ne commença à recevoir quelqu'éclat que vers le Xe siècle. Ce château ne fut donc d'abord qu'un poste militaire important, mais les sires de Bourbon rendirent des services signalés à la monarchie naissante et obtinrent une haute posi-

TOURS DE BOURBON-L'ARCHAMBAULT.

tion auprès des rois qui les comblèrent de faveurs, de dignités et de richesses. La vieille forteresse des barons de Bourbon fut successivement augmentée et embellie particulièrement par Archambault, le premier des seigneurs de Bourbon, dont la renommée soit venue jusqu'à nous. Plus tard, cette baronie fut érigée en duché-pairie par Philippe-le-Bel vers la moitié du xive siècle. Ce fut alors que les ducs de Bourbon trouvèrent que l'ancienne forteresse des barons ne suffisait plus à la haute position et à la fortune de leur maison, et qu'ils commencèrent le château actuel dont la masse et l'étendue considérable demanda un assez grand nombre d'années avant d'avoir acquis tout le développement et la magnificence que ce monument présentait dans toute sa splendeur au xvie siècle et même encore au moment de sa destruction, en 1793, malgré l'abandon où il était resté depuis longtemps.

Ce château occupait toute la superficie d'un rocher au nord de la ville, dont la base est baignée par les eaux de la Burge et celles d'un grand étang ou lac vers l'ouest. Sa forme était à peu près celle d'un parallélogramme oblong peu régulier, défendu par un grand nombre de tours en pierre d'appareil et dont quelques-unes à bossages ne furent élevées que dans le xve siècle, telles que celles qui subsistent encore au nord de l'édifice et qui faisaient partie du palais proprement dit. La hauteur de celles-ci est d'environ trente-cinq mètres, leur circonférence de plus de quinze mètres, et l'épaisseur des murs de deux mètres et demi. Ces trois belles tours et quelques grands pans de murs auxquels elles sont liées forment la partie la plus curieuse des ruines qui restent aujourd'hui de cette somptueuse demeure ; deux autres tours sont encore remarquables, la tour dite du Moulin, parce qu'elle renferme un moulin à farine placée sur le bord du lac, et la tour, vers le sud, appelée la *Quiquengrogne*, parce que, dit-on, lorsque le duc la faisait construire les bourgeois de Bourbon ayant peur qu'elle ne fût destinée à battre la ville firent une sorte d'émeute. Le duc averti, vint sur les remparts, suivi de ses vieux routiers, et dit : Messieurs, *on la bâtira, qui qu'en grogne.*

Des remparts solidement fortifiés et crénelés régnaient sur tout le périmètre du château qui de tout temps fut regardé comme imprenable ; l'intérieur renfermait deux corps de logis formant le palais des ducs, divisés en plus de soixante salles très vastes sans compter les appartements des tours, le tout richement décoré. A ce palais était joint deux chapelles, dont une, dite l'ancienne chapelle, avait été bâtie par le duc Louis Ier, elle était petite, d'un style ogival sévère, élevée sur une crypte dans laquelle était renfermé le trésor. La seconde chapelle fut commencée, en 1383, par le duc Jean II, et terminée par Pierre II et Anne de France, en 1508. Elle était citée comme un des plus curieux spécimen et un chef-d'œuvre de l'architecture religieuse du temps. L'architecte se nommait Clément Mauclerc, artiste, à ce qu'il paraît, fort habile et du petit nombre de ceux dont le nom nous a été conservé.

Nous ne pouvons entrer ici dans tous les détails qu'exigerait la description de ce célèbre édifice, il faudrait un volume pour relater tout ce qu'il offrait de remarquable à l'extérieur et à l'intérieur, les prodigieuses richesses des objets d'art qu'il renfermait, la beauté des vitraux peints, etc., etc. Nous renvoyons sur ce sujet aux notices que l'on trouve dans divers ouvrages sur le Bourbonnais et aux estampes qui les accompagnent ou qui ont été publiées séparément. Ce monument était appelé *la Sainte-Chapelle,* parce qu'il avait été élevé en l'honneur d'un fragment de la Vraie-Croix, apporté de la Terre-Sainte, par Saint-Louis, pour son fils Robert, vers le milieu du xiie siècle, et qu'on y conservait dans un reliquaire d'or pesant treize marcs, d'un travail admirable, enrichi de rubis, de saphirs et autres pierres précieuses, ainsi que de trente grosses perles fines d'un grand prix ; le tout surmonté d'une couronne royale en or et en pierreries.

Nulle part, peut-être, les hommes de la Révolution de 93

n'ont exercé autant de ravages et avec autant de fureur qu'à Bourbon. Le 5 janvier 93, une bande d'individus, étrangers au pays, conduits par deux prêtres apostats, arrivèrent dans la ville avec deux pièces de canon : le château et la Sainte-Chapelle furent livrés au pillage, et tout ce qui ne put être emporté fut brisé à coup de massue et de hache, meubles, boiseries, tableaux, autels, statues, reliquaires, tombeaux, etc. ; puis, quelques coups de canon réduisirent les vitraux en poudre. Plus tard, ce vieux berceau dévasté d'une puissante race de rois devint la proie de la bande Noire, et, de toute part, les murs s'écroulèrent sous le marteau des démolisseurs, qui ne nous ont laissé que quelques ruines précieuses.

En 1832, ces ruines étaient la propriété du duc d'Aumale, un des fils du roi Louis-Philippe, comme provenant de la succession du prince de Condé qui venait de mourir d'une manière si tragique. Les administrateurs du jeune héritier voulurent vendre ces ruines et une affiche fut placardée sur tous les murs, annonçant l'adjudication comme devant être faite à tel jour à l'audience des criées du tribunal de première instance, et on chercherait sans doute aujourd'hui la place du château de Bourbon, si un citoyen de cette ville, jeune artiste, aux impressions vives, aux idées généreuses, ACHILLE-ALLIER, n'eût fait dans la *Gazette constitutionnelle* du département l'énergique réclamation suivante...... *Non, les tours de Bourbon-l'Archambault ne doivent pas être livrées aux spéculateurs de la bande Noire! Si l'héritier royal des millions du prince de Condé a tellement besoin de quelques mille francs qu'il lui faille vendre la seule propriété qui lui rappelle son nom, moi, bourgeois de Bourbon-l'Archambault,* j'achèterai le château de nos ducs aux enchères ; puis je graverai en lettres profondes sur ces vieilles murailles :

CHATEAU DES DUCS DE BOURBON, VENDU A ACHILLE ALLIER,
BOURGEOIS ET ARTISTE, PAR Mgr LE DUC D'AUMALE,
LÉGATAIRE UNIVERSEL DU DUC DE BOURBON.

Cette juste indignation fut écoutée, le prince désavoua ses conseillers, les affiches furent déchirées et les tours ne furent pas vendues; on y plaça même un gardien avec le titre de conservateur du château de Bourbon. Noble victoire! dont on ne peut trop rappeler le souvenir.

D'après les hautes destinées des hôtes du château de Bourbon et leur position devenue royale, on pourrait croire que cette résidence a été le théâtre de faits historiques importants, il n'en est rien cependant, et la ville même n'a eu qu'un rang minime, les ducs ayant préféré le séjour de Souvigny ou de Moulins, où leur cour fut le plus constamment établie.

La principale célébrité de Bourbon vient de ses eaux thermales et minérales, qui, en diverses occasions, ont reçu la visite d'illustres malades. Nous citerons de ce nombre, Gaston d'Orléans, frère de Louis XIII, à qui l'on doit des travaux d'utilité et d'embellissement considérables; le maréchal de la Maillerais; Madame de Montespan, qui y mourut; la duchesse de Chaulnas, Mesdames d'Usez, de Nangis, de Louvois, Madame de Sévigné, les poètes Boursault, Louis Racine, Boileau, la princesse de Conti, le duc de Penthièvre, le prince de Talleyrand, et Madame, duchesse d'Angoulême.

Depuis lors, quoique l'efficacité de ses eaux soit toujours la même, Bourbon a perdu de sa vogue, surtout depuis 1830, et la mode entraîne aujourd'hui à Vichy, à Néris, les célébrités et le monde élégant.

Louis Batissier, homme de lettres, auteur de plusieurs ouvrages d'archéologie, collaborateur du grand ouvrage sur le Bourbonnais, est né à Bourbon, en 1813.

Bourbon est à 2 myriamètres 4 kilomètres de Moulins.

Buxière. — Étendue, 4,694 hectares; — population, 1,613 habitants; — maisons, 365. Commune située près les sources du Morgon-de-Baudes et du Crapeau, dans une petite vallée accidentée et pittoresque. L'église, de style bizantin, est fort

CHATEAU DE LA CONDAMINE
(Canton de Bourbon.)

remarquable à l'extérieur et à l'intérieur, et surtout par son clocher en forme de flèche, de près de trente mètres d'élévation, construite en petites pierres d'appareil et qu'on aperçoit de fort loin. Cette église, dans l'origine, appartenait au prieuré de Souvigny; près de là, on peut visiter les ruines du vieux château de la Condamine, dont les seigneurs furent toujours attachés au service des ducs de Bourbon. Ces ruines, d'une certaine étendue et couvertes d'un large manteau de lierre, occupent le sommet d'un côteau qui domine d'étroits vallons.

On a découvert depuis peu dans cette commune du schiste bitumineux dont l'extraction occupe un certain nombre d'ouvriers.

Buxières est à 3 myriamètres de Moulins.

Franchesse. — Étendue, 4,025 hectares ; — population, 1,119 habitants ; — maisons, 238. Le 22 juin de chaque année on tient dans cette commune une foire où on loue des domestiques des deux sexes. L'église est remarquable, du style bizantin et surmontée d'une belle flèche.

Franchesse est à 2 myriamètres de Moulins.

Saint-Aubin. — Étendue, 2,163 hectares ; — population, 725 habitants ; — maisons, 137. Au xvie siècle, il y avait dans cette commune une commanderie de Templiers dont l'église subsiste encore et est celle de la paroisse, elle est de style bizantin et offre quelques parties curieuses ; il y avait aussi un château à fossés et pont-levis qui est détruit.

Saint-Hilaire.— Étendue, 2,063 hectares ; — population, 685 habitants ; — maisons, 143. Commune située près de la source de l'Ours sur une hauteur. Là aussi il y avait une commanderie de Templiers dont l'église, de différentes époques, est surtout curieuse par son portail, peint du temps, en zones bleues, vertes et jaunes, auquel se trouve joint un porche du xv° siècle; il y avait anciennement dans cette église un fort beau tombeau qui n'existe plus.

Saint-Hilaire est à 2 myriamètres de Moulins.

Saint-Plaisir.— Étendue, 5,226 hectares; — population, 1,163 habitants; — maisons, 258. Village près la source de la Bieurdre.

Saint-Plaisir est à 2 myriamètres 4 kilomètres de Moulins.

Vieure. — Étendue, 2,984 hectares; — population, 721 habitants; — maisons, 174. Bourg situé sur un côteau. Au xi° siècle il y avait une communauté de Bénédictins, qui depuis fut réunie à celle de Paray-le-Monial. Vieure fut une place forte entourrée de hautes murailles dont il ne reste plus trace. L'église est du xv° siècle, peu remarquable, mais on y voit sur le maître-autel un tableau peint sur bois attribué à Jean-Van Eick, et dont on a, dit-on, offert 10,000 francs, malgré que depuis longtemps il soit en mauvais état. Aux environs de cette commune on trouve plusieurs châteaux assez importants : celui de la Celle dont il reste une belle tour blanche à créneaux et à machicoulis, et une légende romanesque sur une jeune fille, dernier rejeton des nobles habitants de ce manoir ; le château de la Chaussière, ancienne maison de plaisance des ducs de Bourbon, où Charles, connétable de Bourbon, passa une partie de sa jeunesse sous les yeux d'Anne de France, détruit en grande partie dans les guerres du xv° siècle ; enfin, les châteaux de Dreuil, du Claudy et de Ville-Arryes aux nombreuses tours, aux murs épais, et dont il ne reste aujourd'hui que peu de vestiges.

Vieure est à 2 myriamètres 8 kilomètres de Moulins.

Ygrande.— Étendue, 5,270 hectares; — population, 1,789 habitants; — maisons, 347. Bourg, dans une très belle position, au milieu d'un pays en général d'une rare fertilité; on y trouve des carrières de moellons, de pierres de taille et des étangs très poissonneux. L'église actuelle est celle d'un ancien couvent de Bénédictins qui fut réuni au prieuré de Souvigny ; elle est de style roman grossier, et n'a de remarquable que son clocher en flèche, regardée comme une des plus élevées du département.

Ygrande est à 2 myriamètres 4 kilomètres de Moulins.

CANTON DE CHEVAGNES.

Son étendue est de 37,131 hectares, divisés en dix communes dont la population totale est de 7,912 habitants, savoir : les communes de Chevagnes, chef-lieu; Beaulon, Chézy, Gannay-sur-Loire, Garnat, La Chapelle-aux-Chasses, Lusigny, Paray-le-Frésil, Saint-Martin-des-Lais et Thiel. Le sol est marécageux, froid et argileux. Ce canton a été nommé la Sologne du Bourbonnais; on y trouve beaucoup de bruyères, de bois et d'étangs; il est arrosé par la Loire et la Besbre et traversé par la route de Moulins à Autun, et par le canal latéral de la Loire. On y cultive beaucoup de blés sarrasin.

Chevagnes. — Étendue, 4,859 hectares; — population, 858 habitants; — maisons, 141. Bourg sur la route de Moulins à Autun et sur le bord de la petite rivière l'Acolin; il y avait jadis un château qui servait de repos de chasse aux ducs de Bourbon, et dont on retrouve l'emplacement au lieu appelé la Motte. Une particularité remarquable à cette commune, c'est que son état civil bien constaté ne remonte qu'à l'année 1757, et cependant son église semble indiquer une existence plus ancienne.

Chevagnes est à 1 myriamètre 6 kilomètres de Moulins.

Beaulon. — Étendue, 6,041 hectares; — population, 1,435 habitants; — maisons, 280. Commune traversée par le canal latéral de la Loire; on y trouve un pensionnat de jeunes demoiselles, tenu par les dames religieuses de l'ordre de Saint-Joseph de Lyon et qui est dans un état très florissant.

Beaulon est à 2 myriamètres 4 kilomètres de Moulins.

CHATEAU DE POMAY.
(Canton de Chevagnes)

Chézy. — Étendue, 3,482 hectares ; — population, 374 habitants ; — maisons, 128.

Chézy est à 1 myriamètre 2 kilomètres de Moulins.

Gannay-sur-Loire. — Étendue, 3,065 hectares ; — population, 606 habitants ; — maisons, 46. Joli bourg dans une charmante position sur la Loire.

Gannay-sur-Loire est à 2 myriamètres 6 kilomètres de Moulins.

Garnat. — Étendue, 1,828 hectares ; — population, 681 habitants ; — maisons, 141. Commune traversée par la route nationale, n° 73, de Bâle à Moulins, et par le canal latéral ; on y trouve un bassin destiné à recevoir les marchandises pour l'approvisionnement de Paris et de Lyon.

Garnat est à 2 myriamètres 4 kilomètres de Moulins.

La Chapelle-aux-Chasses. — Étendue, 2,531 hectares ; — population, 306 habitants ; — maisons, 46. C'était d'abord un relais de chasses des ducs de Bourbon ; il y avait une petite chapelle en pierre, de style roman, et un petit pavillon appelé *le Vide-Bouteille*. Plus tard, il se forma là une commune, l'église fut agrandie ; on y déposa dans un reliquaire de vermeil, un morceau de la vraie croix, donné par les ducs de Bourbon. Cette commune est arrosée par la petite rivière l'Acolin sur laquelle on a construit un très beau moulin à deux tournants.

La Chapelle-aux-Chasses est à 1 myriamètre 8 kilomètres de Moulins.

Lusigny. — Étendue, 2,138 hectares ; — population, 851 habitants ; — maisons, 161.

Lusigny est à 1 myriamètre de Moulins.

Paray-le-Frésil. — Étendue, 3,667 hectares ; — population, 693 habitants ; — maisons, 151. Village situé au milieu des bois, dans un pays très marécageux. Le château a été possédé par le baron Destutt de Tracy qui a laissé un nom célèbre dans les sciences philosophiques.

Paray-le-Frésil est à 2 myriamètres 2 kilomètres de Moulins.

Saint-Martin-des-Lais. — Étendue, 1,793 hectares ; — population, 313 habitants ; — maisons, 40.

Saint-Martin-des-Lais est à 2 myriamètres 4 kilomètres de Moulins.

Thiel. — Étendue, 5,556 hectares ; — population, 1,132 habitants ; — maisons, 233. Commune située sur la petite rivière l'Acolin. Quelques auteurs ont pensé que cet endroit pouvait être regardé comme la *sitilia* des itinéraires romains, d'autres y ont vu la *Gergovia Boiorum*, mais aucune de ces assertions n'est parfaitement prouvée ; cependant, une voie antique venant de Sancoins par Bourbon-l'Archambault aboutissait à Thiel.

Thiel est à 2 myriamètres 4 kilomètres de Moulins.

PANESSIERE
(canton de Chevagnes)

Lith. J. Thibaud à Moulins

CANTON DE DOMPIERRE.

Ce canton dont l'étendue est de 30,226 hectares, comprend neuf communes dont la population totale est de 9,460 habitants, savoir : Dompierre, Coulanges, Diou, Molinet, Monétay-sur-Loire, Pierrefitte, Saint-Pourçain-sur-Besbre, Saligny et Vaumas. Ce canton est en partie traversé par la petite rivière de Besbre et par le canal latéral à la Loire qui, elle-même, le borne au Nord-Est et le sépare du département de Saône-et-Loire. L'industrie y prend chaque jour de nouveaux développements. On y trouve une mine de manganèse exploitée depuis plus de douze ans, ainsi que des carrières de marbre.

Dompierre, chef-lieu. — Étendue, 4,563 hectares ; — population, 1,638 habitants ; — maisons, 389. Bourg situé sur la Besbre et traversé par la route départementale, n° 6, de Moulins à Digoin. Dompierre fut jadis une seigneurie particulière appartenant à des seigneurs de la branche des Bourbons-Lancy. Elle passa ensuite aux dauphins d'Auvergne, et ne fut réunie au Bourbonnais que par le mariage de Louis II avec Anne d'Auvergne. Depuis quelques années, cette localité a pris une grande importance par ses foires, ses marchés, ses moulins et ses tanneries. On y trouve un port pour le commerce des bois et des charbons, un entrepôt des houilles de Bert, une gare pour les bateaux, un tronçon de chemin de fer pour le service des houilles de Bert à Dompierre, une prise d'eau dans la Besbre pour alimenter le canal latéral, et, de plus, le territoire abonde en toutes sortes de produits agricoles et de bestiaux.

C'est près de là que se trouve l'ancienne et célèbre abbaye de Sept-Fonds de l'ordre de Citeaux, fondée, en 1132, par

Willon et Wicard de Bourbon, descendants d'Adhémar I*er*, et dédiée à la Vierge sous le titre de *Notre-Dame-de-Saint-Lieu.* On la nommait *Sept-Fonds* à cause des sept fontaines qui ont leur source dans cet endroit. L'histoire de cette abbaye présente des faits assez curieux et des phases alternatives de ruine et de prospérité qu'il serait trop long d'énumérer ici. Le monastère était très florissant et très vénéré des populations environnantes au moment de la révolution de 1793 ; mais, malgré les réclamations faites à l'Assemblée nationale pour la conservation de cet établissement, considéré comme *une seconde Providence pour le pays, malgré le dévouement des religieux pour la chose publique et leur soumission volontaire aux lois régénératrices de la patrie,* l'abbaye de Sept-Fonds fut supprimée et vendue comme bien national. Il paraît qu'on ne lui donna aucune destination particulière, et que, pendant longtemps, ce fut un lieu abandonné et désert. Mais, depuis quelques années seulement, de nouveaux religieux ont acquis tout ce qui restait de l'ancienne maison de Sept-Fonds, et y ont établi une colonie religieuse et agricole dont la bonne tenue et la prospérité rappellent les moments les plus florissants de l'antique monastère. La piété et la vie exemplaire de ces religieux, leurs travaux aussi actifs qu'intelligents, l'hospitalité qu'ils exercent, la vie nouvelle qu'ils ont donnée au pays leur ont concilié la vénération publique, et, de toutes parts, on s'empresse de visiter leur établissement et de leur donner des témoignages de la haute sympathie qu'ils ont inspirée.

Les édifices et les constructions de cette communauté ancienne ou moderne, fort bien disposés pour l'administration de la maison, n'ont jamais rien eu de remarquables sous le rapport de l'art, et ne méritent ici aucune mention particulière.

Dompierre est à 2 myriamètres 4 kilomètres de Moulins.

Coulanges. — Étendue, 2,595 hectares ; — population, 725 habitants ; maisons, 117. Village à 4 myriamètres 8 kilomètres de Moulins.

ÉGLISE DE DIOU
(Canton de Dompierre)

Diou. — Étendue 2,522 hectares ; population, 1,515 habitants ; — maisons, 379. Bourg sur la Loire et le canal latéral. On y construit un très grand nombre de bateaux pour la navigation de la Loire, et on y trouve des carrières de marbre.

Diou est à 2 myriamètres 8 kilomètres de Moulins.

Molinet. — Étendue, 2,664 hectares ; — population, 861 habitants ; — maisons, 206. Village avec une gare sur le canal latéral. Il y existait, il y a quelques années, une verrerie de verre noir, mais qui ayant été abandonnée, a été remplacée par une fabrique de poterie, de cruchons et de bouteilles de grès, qui est en voie de prospérité.

Molinet est à 4 myriamètres 8 kilomètres de Moulins.

Monétay-sur-Loire. — Étendue, 3,080 hectares ; — population, 717 habitants ; — maisons, 148. Village situé sur la Loire.

Monétay est à 4 myriamètres 7 kilomètres de Moulins.

Pierrefitte. — Étendue, 2,634 hectares ; — population, 963 habitants ; — maisons, 231. Bourg d'origine ancienne qui fut fortifié, et avait un château appartenant à la famille de Château-Morand. Ce bourg prit part aux guerres entre Charles de Bourgogne et Louis II, ainsi qu'aux guerres de religion, et le château fut pris et brûlé ; il en reste à peine des traces. Mais naguère on trouvait encore sur son emplacement une grande quantité de squelettes entassés les-uns sur les autres. Ce bourg est aujourd'hui assez commerçant, il a une gare sur la Loire.

Pierrefitte est à 4 myriamètres 4 kilomètres de Moulins.

Saint-Pourçain-sur-Besbre. — Étendue, 3,519 hectares ; — population, 635 habitants ; — maisons, 126. On y trouve une abondante carrière de moellons.

Saint-Pourçain-sur-Besbre est à 3 myriamètres 4 kilomètres de Moulins.

Saligny. — Étendue, 5,759 hectares; — population, 1,485 habitants; — maisons, 367. C'est un des bourgs les plus anciens du département, dans un territoire très fertile et où les prairies naturelles sont excellentes et abondantes. L'église de Saligny, fondée, dit-on, par les Templiers, a été refaite, mais il en reste un portail byzantin curieux. Le château, quand il était complet, a dû être magnifique, et se composait de corps de logis flanqués de tourelles aux toits coniques et de lucarnes ornées de caryatides. A l'intérieur, les murailles étaient décorées de diverses peintures et de divers tableaux dont la plupart sont des portraits. Les parties les plus anciennes de cet édifice datent du XVIe siècle, et les plus récentes du XVIIe.

Qui n'a pas entendu vingt fois, dans sa jeunesse, raconter l'histoire de ce seigneur *barbare, cruel et même peu délicat* qui s'amusait à tuer à coup de fusil les paysans qu'il rencontrait en son chemin; qui, un jour, pour prouver son adresse, fit dérouler du haut d'un toit un malheureux couvreur en lui envoyant une balle dans la tête; qui, coupable enfin de cent autres crimes, avait toujours trouvé en cour des amis puissants qui lui assurèrent l'impunité, et qui, pour se soustraire aux coups de ceux qui le traquaient comme une bête fauve, ne chevauchait jamais que la bride de son cheval dans la bouche et deux pistolets au poing; eh bien! ce seigneur qui vivait dans le siècle dernier, au temps de la régence, et dont l'histoire a si souvent corroboré les arguments des détracteurs de la noblesse et de la féodalité, cet homme était un des seigneurs de Saligny. Le régent, las enfin de tant de cruautés, mit la tête du seigneur à prix, et assura la grâce à celui qui parviendrait à le tuer. Mais ce n'eût pas été peut-être chose facile et sans danger pour qui l'aurait tenté, si ce nouveau Robert-le-Diable, comme ses vassaux l'appelaient, ne se fût pris lui-même dans ses filets.

SALIGNY
(Canton de Bourbon...)

Il avait inventé une cage dont il voulait faire un nouveau supplice destiné à de nouvelles victimes, lorsqu'un jour la faisant voir à quelqu'un qu'il croyait de ses amis, et étant entré lui-même dedans pour mieux en expliquer le mécanisme, le visiteur ferma brusquement la porte à double tour et retint ainsi mon homme dans le trébuchet jusqu'à ce que la justice eût enfin vengé la société.

Saligny est à 3 myriamètres de Moulins.

Vaumas. — Étendue, 3,486 hectares; — population, 950 habitants; — maisons, 180. Village où il y avait autrefois un chapitre composé de cinq chanoines, fondé par un seigneur de Bauvoir dont on voyait dans l'église un beau mausolée. On trouve dans cette commune des forges et un haut fourneau.

Vaumas est à 3 myriamètres 2 kilomètres de Moulins.

CANTON DE LURCY-LÉVY.

Étendue, 29,292 hectares divisés en neuf communes dont la population totale est de 9,348 habitants, savoir : Château-sur-Allier, Couleuvre, Couzon, Limoise, Lurcy, Neure, Pouzy, Saint-Léopardin, Le Veurdre. Le sol est bas, humide et désert, ce qui avait fait donner au chef-lieu le nom de *Lurcy-le-Sauvage*, changé en celui de Lurcy-Lévy depuis qu'il fut érigé en duché-pairie en faveur des marquis, délivré en 1725. Une grande partie de ce canton a été défrichée dans ces derniers temps, et l'agriculture y a pris de notables développements; mais l'exploitation des bois en est la principale branche de commerce.

Lurcy-Lévy, chef-lieu. — Étendue, 7,141 hectares; — population, 2,761 habitants; — maisons, 576. C'était, au siècle dernier, un duché-pairie dont le dernier titulaire a été le marquis de Sinity qui établit à Champroux une manufacture de porcelaine encore très importante. Depuis quelques années il a été créé par divers propriétaires, sur le territoire de cette commune, une autre manufacture de porcelaine qui est aussi en voie de prospérité. Lurcy est situé dans un pays très boisé, sur la rive gauche de l'Allier.

On y trouve beaucoup d'étangs presque tous couverts, à l'entrée de l'hiver, d'une grande quantité de sarcelles. Il y a un marché et des foires considérables pour le commerce des bestiaux, des grains, du vin, de poisson, du charbon, de la porcelaine, de la poterie et des bois dont il se fait un trafic

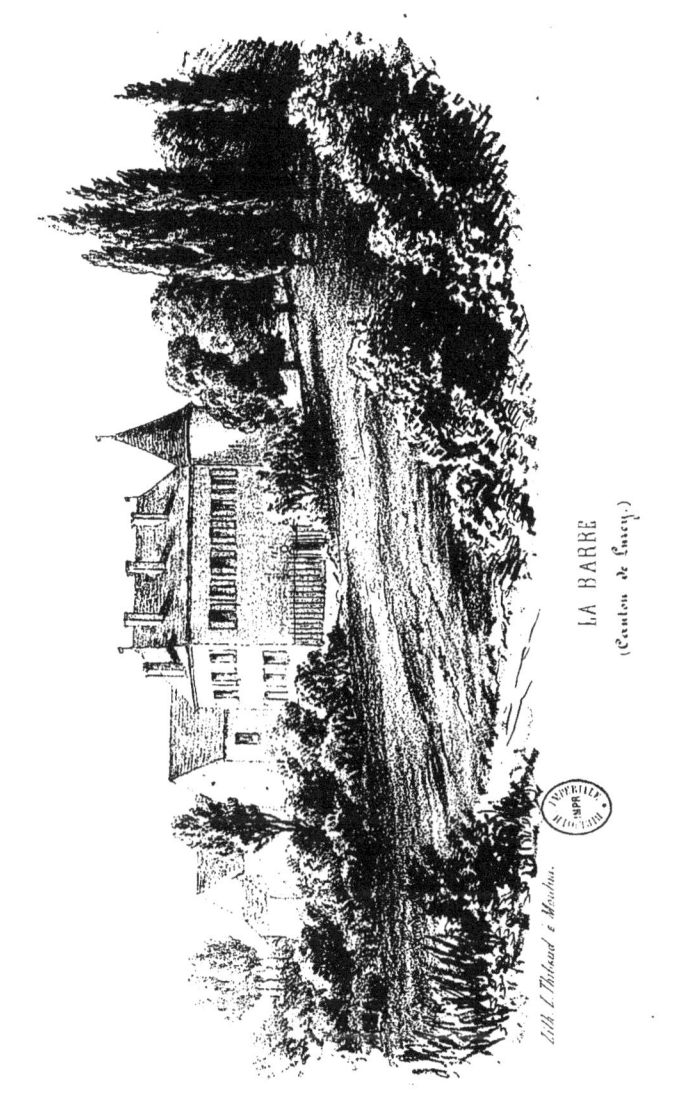

LA BARRE
(Canton de Lucey)

considérable. Enfin, on y trouve un hôpital desservi par quatre religieuses.

Lurcy-Lévy est à 3 myriamètres 6 kilomètres de Moulins.

Château-sur-Allier. — Étendue, 2,772 hectares; — population, 521 habitants; — maisons, 114. Cette commune, de peu d'importance aujourd'hui, aurait été jadis une ville fortifiée, si l'on en croit la tradition et les ruines que l'on découvre en faisant des fouilles; on fait même remonter son origine à un château-fort qui, du temps des Romains, aurait défendu la route de Bourges à Autun. Elle est située sur la rive gauche de l'Allier, sur un côteau élevé d'où l'on jouit d'une très belle vue. Les bois, les vins, le chanvre et les légumes y sont abondants et sont principalement l'objet du commerce local.

Château-sur-Allier est à 3 myriamètres 2 kilomètres de Moulins.

Couleuvre. — Étendue, 5,355 hectares; — population, 1,455 habitants; — maisons, 298.

Couleuvre est à 3 myriamètres 6 kilomètres de Moulins.

Couzon. — Étendue, 1,984 hectares; — population, 313 habitants; — maisons, 117.

Couzon est à 2 myriamètres de Moulins.

Limoise. — Étendue, 1,257 hectares; — population, 313 habitants; — maisons, 70. Ce village a eu aussi, au Moyen-Age, une importance assez grande puisqu'il était entouré de murs fortifiés avec un château qui fut détruit dès le VIIIe siècle par les troupes de Pépin-le-Bref; depuis, la ville fut encore ruinée dans les guerres des Anglais et dans les guerres des protestants. Il y avait, avant la révolution de 93, une église citée comme une des plus belles du pays; elle est tombée sous le marteau des démolisseurs.

Limoise est à 2 myriamètres 6 kilomètres de Moulins.

Neure. — Étendue, 1,196 hectares; — population, 339 habitants; — maisons, 78.

Neure est à 3 myriamètres 2 kilomètres de Moulins.

Pouzy. — Étendue, 3,504 hectares; — population, 1,115 habitants; — maisons, 248.

Pouzy est à 3 myriamètres 2 kilomètres de Moulins.

Saint-Léopardin-d'Augy. — Étendue, 3,864 hectares; population, 866 habitants; — maisons, 141. Village où il y avait jadis un château et un prieuré.

Saint-Léopardin-d'Augy est à 2 myriamètres de Moulins.

Le Veurdre. — Étendue, 2,116 hectares; — population, 1,278 habitants; — maisons, 226. Bourg sur le bord de l'Allier, dans une agréable situation. C'était une des villes closes du Bourbonnais; il reste encore quelques débris de murs et de tours. Elle fut prise dans les guerres de religion par le sire de Neuvy. L'église, peu remarquable, est du xie siècle. Près de là sont les forges de Bauregard qui comptent six marteaux et produisent des fers estimés pour la petite forge.

Le Veurdre est à 2 myriamètres 8 kilomètres de Moulins.

VUE DU MONT-ET-AUX-MOINES
(Chef-lieu de Canton)

CANTON DU MONTET.

Étendue, 29,908 hectares divisés en treize communes : Le Montet, chef-lieu ; Châtel-de-Neuvre, Châtillon, Contigny, Cressanges, Deux-Chaises, Meillard, Monétay-sur-Allier, Rocles, Saint-Sornin, Theil, Treban et Tronget, dont la population totale est de 10,870 habitants. Ce canton forme la partie la plus élevée de l'arrondissement et est assise sur une base granitique. On y trouve la forêt de Pérogne qui appartient à l'État et des mines de houille.

Le Montet, chef-lieu. — Étendue, 177 hectares ; — population, 600 habitants ; — maisons, 167. Ce bourg occupe la position la plus élevée du département d'où l'on découvre une vue magnifique, et est à peu près au centre de la France. Il fut sans doute une place assez importante, ayant murailles, fossés et donjon ; il doit son origine à un couvent de Bénédictins fondé dans le xe siècle et richement doté par les sires de Bourbon. Ce monastère, situé au sommet d'un monticule, fut de là nommé le *Mont*, ou *Montet-aux-Moines*. Depuis longtemps il ne reste plus rien du donjon, ni des murailles, ni des bâtiments claustraux, excepté quelques fragments de l'église qui avait été, dit-on, une des plus belles du Bourbonnais, et où avaient été inhumés plusieurs personnages de la maison de Bourbon. On trouve au Montet des mines de houille assez importantes.

François Delfau, moine de la congrégation de Saint-Maur, est né au Montet ; il est auteur d'une édition de Saint-Augustin et de quelques ouvrages latins.

Le Montet est à 5 myriamètres de Moulins.

Châtel-de-Neuvre. — Étendue, 1,971 hectares ; — population, 321 habitants ; — maisons, 199. C'est encore une localité à laquelle la tradition et quelques auteurs attribuaient une origine antique. Il est certain qu'il y avait au moins là, à une époque très reculée, une position fortifiée dont il reste à peine le souvenir. L'église est du style roman primitif du ix² au x² siècle, et un des échantillons les plus complets et les mieux conservés qu'on puisse trouver dans le département. Elle est bâtie sur un mamelon qui s'avance comme un promontoire au-dessus du lit de l'Allier, d'où l'on découvre un horizon très étendu.

Châtel-de-Neuvre est à 1 myriamètre 6 kilomètres de Moulins.

Châtillon. — Étendue, 1,289 hectares ; — population, 634 habitants ; — maisons, 158. Village où l'on trouve des mines de houille en exploitation, connues sous le nom de *mines de Fins.*

Châtillon est à 1 myriamètre 6 kilomètres de Moulins.

Contigny. — Étendue, 1,810 hectares ; — population, 1,032 habitants ; — maisons, 231.

Contigny est à 2 myriamètres 4 kilomètres de Moulins.

Cressanges. — Étendue, 4,167 hectares ; — population, 1,195 habitants ; — maisons, 222. Village où l'on fait un assez grand commerce de bestiaux.

Cressanges est à 1 myriamètre 4 kilomètres de Moulins.

Deux-Chaises. — Étendue, 4,101 hectares ; — population, 1,175 habitants ; — maisons, 252.

Deux-Chaises est à 2 myriamètres 6 kilomètres de Moulins.

Meillard. — Étendue, 2,536 hectares ; population, 713

habitants ; — maisons, 136. On y trouve une carderie de laine et une maillerie.

Meillard est à 2 myriamètres de Moulins.

Monétay-sur-Allier. — Étendue, 1,784 hectares ; — population, 621 habitants ; — maisons, 174. Bourg qui a sans doute été beaucoup plus important qu'il ne l'est aujourd'hui, à en juger par le grand nombre d'antiquités romaines, poteries, bronzes, etc., qu'on y a trouvés. Il y a peu de communes du département qui occupent une aussi charmante position. Il y avait là un petit prieuré très ancien dont les bâtiments et l'église ont été complètement détruits. Le pays produit des vins blancs estimés et des pierres à paver.

Monétay-sur-Allier est à 2 myriamètres de Moulins.

Rocles. — Étendue, 2,166 hectares ; — population, 502 habitants ; — maisons, 89. On y trouve des étangs très poissonneux.

Rocles est à 3 myriamètres de Moulins.

Saint-Sornin. — Étendue, 1,943 hectares ; — population, 507 habitants ; — maisons, 117.

Saint-Sornin est à 3 myriamètres 1 kilomètre de Moulins.

Theil. — Étendue, 2,892 hectares ; — population, 1,108 habitants ; — maisons, 227.

Bourg à 1 myriamètre 4 kilomètres de Moulins.

Treban. — Étendue, 2,562 hectares ; — population, 718 habitants ; — maisons, 149.

Treban est à 1 myriamètre 8 kilomètres de Moulins.

Tronget. — Étendue, 3,105 hectares ; — population, 1,156 habitants ; — maisons, 254. Mines de houille.

Tronget est à 3 myriamètres de Moulins.

CANTON
DE NEUILLY-LE-RÉAL.

Étendue, 30,303 hectares divisés en dix communes, savoir : Neuilly, chef-lieu ; Bessay-sur-Allier, Chapeau, Gouise, Laferté-Hauterive, Mercy, Montbeugny, Saint-Gerand-de-Vaux, Saint-Loup et Saint-Voir, dont la population totale est de 6,031 habitants. Le sol est marécageux, froid et argileux. Le pays est boisé et on y trouve deux forêts : celles de Leyde et de Hirme, autrefois à l'État et aujourd'hui au comte de Barral.

Neuilly-le-Réal. — Étendue, 4,698 hectares ; — population, 1,222 habitants ; — maisons, 268. Bourg, chef-lieu de canton. On ne sait pas précisément d'où lui vient son surnom espagnol *Réal* qui veut dire royal. On avait supposé que les habitants ayant, au temps du roi Jean, fait de grands sacrifices d'argent pour délivrer ce prince de sa captivité, auraient reçu en reconnaissance le titre de *Royal* avec de grandes franchises et des priviléges dont cette commune jouissait encore au moment de la révolution de 93. Neuilly est situé dans une partie du département que l'on compare à la Sologne. On y trouve beaucoup d'étangs où le poisson abonde. Il y a peu de temps, on a établi une scierie mécanique pour les placages à l'usage des ébénistes.

Neuilly est à 1 myriamètre 4 kilomètres de Moulins.

Bessay-sur-Allier. — Étendue, 3,400 hectares ; — population, 940 habitants ; — maisons, 213. C'était, au XIe siècle, une châtellenie du Bourbonnais et une place importante qui commandait toute la plaine de l'Allier ; son église est du ro-

ÉGLISE DE NEUILLY-LE-RÉAL

man primitif. On trouve dans cette commune des élévations ou monticules de terre que l'on croit être des *tumulus*.

Bessay est à 1 myriamètre 5 kilomètres de Moulins.

Chapeau. — Étendue, 3,344 hectares ; — population, 477 habitants ; — maisons, 76.

Chapeau est à 1 myriamètre 6 kilomètres de Moulins.

Gouise. — Étendue, 2,510 hectares ; — population, 318 habitants ; — maisons, 57. On y trouve trois moulins à eau..

Gouise est à 1 myriamètre 8 kilomètres de Moulins.

Laferté-Hauterive. — Étendue, 2,116 hectares ; — population, 455 habitants ; — maisons, 75. C'était, dans l'origine, une ancienne métairie appartenant aux moines de Souvigny ; ils y avaient construit un petit couvent qui, pour sa charmante position, était souvent habité par le prieur.

Laferté-Hauterive est à 2 myriamètres de Moulins.

Mercy. — Étendue, 2,878 hectares ; — population, 414 habitants ; — maisons, 88.

Mercy est à 2 myriamètres de Moulins.

Montbeugny. — Étendue, 3,261 hectares ; — population, 387 habitants, — maisons, 63. Bourg dont l'église renfermait une statue de Saint-Roch qui était l'objet d'une grande dévotion, principalement pour les habitants de Decize qui, par son intercession, avaient été préservés de la peste, et qui y venaient tous les ans en pélerinage les pieds nus, en exécution du vœu qu'ils avaient fait.

Montbeugny est à 1 myriamètre 1 kilomètre de Moulins.

Saint-Gerand-de-Vaux. — Étendue, 4,008 hectares ; — population, 962 habitants ; — maisons, 209. Cette commune n'a de remarquable que les restes d'un château qui rappelle la grandeur de ses anciens propriétaires, et d'un parc considérable qui avait douze portes correspondantes à autant d'avenues. C'était, il y a un demi-siècle, la terre la plus considérable du Bourbonnais par ses droits et ses revenus. Elle appartenait d'abord au célèbre argentier de Charles VII, Jacques Cœur, qui la vendit, vers l'an 1457, à Jean Soreau, fils d'un seigneur de Condom et frère de la belle Agnès Sorel, maîtresse de Charles VII. Depuis, elle passa dans la famille de La Guiche, par le mariage, en 1540, d'une fille de la famille Soreau avec Gabriel, seigneur de La Guiche, plus connu sous le nom du maréchal de Saint-Gerand, gouverneur du Bourbonnais, qui mourut dans son château en 1632, et dont les obsèques égalèrent en magnificence celles d'un prince. Le corps principal du château est de la fin du XVIe siècle, le reste est du XVIIe. Il y avait attenant une espèce de donjon, débris probablement d'un château plus ancien, qui a été détruit en 1764 ainsi que les fossés qui ont été métamorphosés en jardins anglais ; plusieurs des appartements étaient et sont peut-être encore ornés de belles cheminées sculptées et de peintures sur les murs représentant des chasses et des sujets allégoriques. L'église de Saint-Gerand est partie du XIe siècle, partie des XIVe et XVe. On y voyait le magnifique tombeau du maréchal de Saint-Gerand, détruit à la révolution de 1793. Cette commune fait un commerce assez considérable des produits du sol, en céréales, vins, noix, chanvre et fourrages.

Saint-Gerand-de-Vaux est à 2 myriamètres 4 kilomètres de Moulins.

Saint-Loup. — Étendue, 1,716 hectares ; — population, 397 habitants ; — maisons, 85. Village où l'on voyait un château appartenant aux sieurs de Saint-Gerand et un couvent de Bénédictins dont l'église est devenue l'église de la paroisse. On y trouve aussi une fontaine à laquelle les habitants attribuent de grandes propriétés, et ils ne manquent pas d'en boire dans certaines maladies; mais, pour guérir, il faut avoir soin de jeter une pièce de monnaie dans le bassin. Il y a, tout près du village, un *tumulus* bien conservé où l'on a trouvé entre autres choses, un éperon et des pièces de monnaie.

Saint-Loup est à 2 myriamètres 4 kilomètres de Moulins.

Saint-Voir. — Étendue, 2,508 hectares; — population, 491 habitants; — maisons, 99.

Village à 2 myriamètres 4 kilomètres de Moulins.

CANTON DE SOUVIGNY.

Étendue, 29,219 hectares divisés en onze communes qui sont : Souvigny, chef-lieu ; Agonges, Autry-Issard, Besson, Bresnay, Chemilly, Gipcy, Marigny, Meillet, Noyant et Saint-Menoux, dont la population totale est de 10,072 habitants. Le sol est un des plus riches de l'arrondissement, il est sablonneux et léger, arrosé par la Queune ; les prairies y sont belles et les fruits excellents. On y trouve la forêt de Messarges qui appartient à l'État.

Souvigny, chef-lieu. — Étendue, 4,436 hectares ; — population, 2,850 habitants ; — maisons, 621. Ville, chef-lieu du canton, située sur la pente d'un côteau, dans un pays agréable et fertile, arrosé par la petite rivière de la Queune. Son origine est fort ancienne, et a été l'objet de nombreuses et savantes dissertations qui, la plupart, manquant de preuves authentiques, ne peuvent être admises sans conteste. Il paraît cependant que, dès le ve siècle, c'était une cité importante. En 913, Charles-le-Simple, roi de France, en fit donation au chevalier Aymard qui devint la tige de la famille des Bourbons, et Souvigny devint le chef-lieu de leurs états. Cette ville, dont les nombreuses maisons étaient alors la plupart, dit-on, garnies de tours ou tourelles, avaient été plusieurs fois fortifiées, et l'on trouve encore des débris de murailles et des traces de fossés, mais dont il serait difficile de préciser l'époque. Le château dut avoir aussi une grande importance, il n'en reste que quelques vestiges fort insignifiants et qui ne peuvent nous donner aucune idée de cette somptueuse demeure des puis-

SOUVIGNY,
(Chef-lieu de Canton)

Lith. Martial Place à Moulins.

sants seigneurs de Bourbon. Plusieurs autres édifices anciens, religieux ou civils, ont également disparu, et, à part quelques restes de maisons du Moyen-Age, Souvigny ne présente plus rien qui puisse rappeler son aspect primitif ni son temps de splendeur; l'église seule de l'ancien prieuré de Bénédictins, de l'observance de Cluny, fondé en 916 par Aymard, le même dont nous avons parlé ci-dessus, a été conservée comme église paroissiale. Cette belle basilique est assurément un des plus remarquables monuments religieux du département. Plusieurs fois reconstruite, agrandie ou restaurée, elle présente une telle réunion de types et de styles différents, depuis le roman primitif jusqu'à la dernière période ogivale qu'on pourrait presque y trouver tous les documents d'une histoire de l'architecture religieuse du Moyen-Age en France.

La courte étendue que doit avoir cette notice ne nous permet pas d'en donner ici une description détaillée, nous nous contenterons d'indiquer seulement son aspect grandiose à l'extérieur et à l'intérieur, ses vastes proportions qui sont de 84 mètres de longueur sur 38 de largeur et 17 de hauteur; les deux chapelles aux deux côtés du chœur, dites : la Chapelle-Vieille à droite et la Chapelle-Neuve à gauche, l'élégance de leurs clôtures en pierres sculptées à jour, la richesse des mausolées qu'elles renferment, dont l'un, dans la chapelle-vieille, est celui du duc Louis II et d'Anne, sa femme, dont on voit les figures couchées sur le cénotaphe; et l'autre, dans la chapelle-neuve, celui du duc Charles Ier et d'Agnès de Bourgogne, sa femme, tous deux aussi représentés sur le monument; Enfin, des chapiteaux et divers fragments de sculpture très curieux placés dans diverses parties de l'église, notamment ceux que l'on voit dans la nef, adossés au mur au bas du bas-côté gauche.

L'église de Souvigny avait beaucoup souffert des dévastations révolutionnaires de 93, et peut-être aurait-on aujourd'hui à regretter sa ruine complète; mais on doit au zèle de

M. Chambon, ancien curé de Souvigny, la conservation et les intelligentes restaurations de ce bel édifice, classé maintenant au nombre des monuments historiques. Son activité, ses connaissances archéologiques ont présidé à tout, et rien n'égalait l'affabilité et la gratitude complaisance avec laquelle cet honorable ecclésiastique se faisait lui-même le guide des curieux qui venaient visiter son église. M. Chambon n'est pas seulement un homme distingué par son érudition, son goût pour les arts et son extrême courtoisie, mais encore sa philanthropie toute chrétienne a su doter son ancienne paroisse d'établissements utiles et de bienfaisance qui lui ont mérité jusqu'à son départ de Souvigny la haute estime et la vénération des habitants.

L'église de Souvigny a cependant perdu, et probablement sans retour, un de ses plus beaux ornements, nous voulons parler de flèches qui surmontaient à ce qu'on assure, les tours du portail, mais surtout de celle qui s'élevait au centre du transept, admirable production d'un soldat condamné à mort pour désertion, et qui ayant trouvé un refuge chez les moines de Souvigny, racheta sa vie par un chef-d'œuvre; elle datait du milieu du xve siècle. Il ne reste plus de trace des vitraux peints, et le trésor riche des magnifiques ornements sacerdotaux, de vases sacrés, de châsses, de reliquaires aussi précieux par la matière et le travail que par l'antiquité, a été dévasté, perte assurément des plus regrettable.

Malgré la puissance et la richesse du prieuré de Souvigny et ses hautes relations avec les ducs de Bourbon, l'histoire de ce monastère offre peu de faits particulièrement notables; mais au nombre des prieurs qui ont gouverné cette maison, nous devons citer surtout saint Mayeul et saint Odile, personnages dont la sainteté et le mérite sont restés dans la mémoire des peuples, et Geoffroi Cholet qui, vers le milieu du xve siècle, reconstruisit une partie du monastère, apporta dans l'administration de grandes améliorations et laissa la maison dans une grande prospérité.

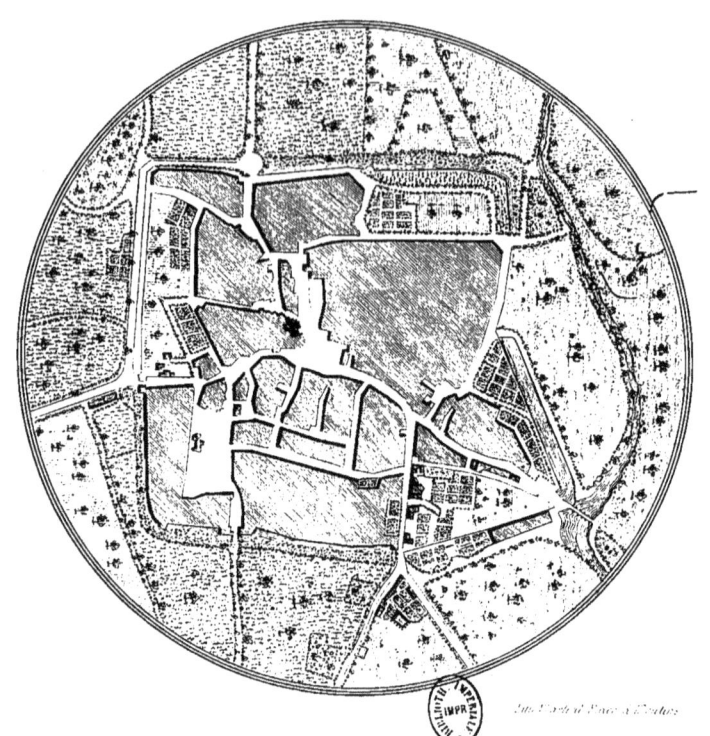

Ancien Plan de Souvigny

Ruines de l'Abbaye St Maurice
(Canton de Savigny)

Malgré l'absence de ses ducs et la destruction du prieuré, la ville de Souvigny a conservé une sorte de prospérité. Il y a deux verreries à bouteilles dont les produits s'exportent à Orléans, à Tours, à Angers. A peu de distance se trouvent les forges de Messarges. Enfin, les grains, les vins, les fourrages, les bestiaux y sont l'objet d'un commerce important, ainsi que les fruits, et l'on sait combien les poires de Bon-Chrétien de Souvigny ont de réputation.

Cette ville a donné naissance à Jean Millac, docteur en droit, conseiller du roi, grand maître des eaux et forêts, né dans le XVIe siècle; il a publié divers ouvrages de jurisprudence.

Jean-Baptiste d'Alphonse, baron de l'empire, intendant de Hollande, né à Souvigny en 1759, est auteur d'une très bonne statistique du département de l'Indre.

Souvigny est à 1 myriamètre 2 kilomètres de Moulins, sur la grande route de Moulins à Limoges.

Autry-Issard. — Étendue, 1,945 hectares; — population, 629 habitants; — maisons, 121. Commune où l'on trouvait un monastère de Bénédictins dépendant du prieuré de Souvigny; il en reste quelques constructions qui remontent au Xe siècle. Le château est de la fin du XVe siècle; on lit sur une des tours cette devise de Louis XIV : *Nec pluribus impar.* L'église, du style roman, est curieuse; le clocher est surmonté d'une flèche à quatre pans, et, dans l'intérieur, on voit un tableau peint à l'eau dont les figures sont des personnages historiques.

Autry-Issard est à 1 myriamètre 6 kilomètres de Moulins.

Besson. — Étendue, 4,719 hectares; — populations, 1,411 habitants; — maisons, 246. Commune située à mi-côte; elle avait autrefois un prieuré de Bénédictins réuni depuis à celui de Souvigny. L'église est romane. Près de là on trouve un monument druidique appelé *la Pierre-du-Joug* qui est encore l'objet de superstitions populaires.

Besson est à 2 myriamètres 2 kilomètres de Moulins.

Bresnay. — Étendue, 2,315 hectares ; — population, 801 habitants ; — maisons, 157. Commune située dans un vallon au milieu d'une nature féconde. Son église remonte au xe siècle, mais est toute mutilée.

Bresnay est à 1 myriamètre 6 kilomètres de Moulins.

Chemilly. — Étendue, 1,694 hectares ; — population, 677 habitants ; — maisons, 121. Village situé sur la rive gauche de l'Allier et sur la route de Moulins à Clermont-Ferrand. L'église du xie siècle est curieuse, elle a été restaurée et classée au nombre des monuments historiques. Plusieurs châteaux remarquables qui dépendent ou avoisinent cette commune méritent d'être cités : le château des Moquets appartenant à M. le comte de Roscat ; celui des Rognons, à M. Michel ; celui de Soupaize, à M. de Montribloud ; enfin, le château des Foucauds avec tours, murailles crénelées, etc., situé près la forêt de Moladier, et appartenant à M. Colas.

Chemilly est à 9 kilomètres de Moulins.

Gipcy. — Étendue, 2,755 hectares ; — population, 716 habitants ; — maisons, 127. L'église de ce village, longtemps abandonnée, a été nouvellement restaurée ; son portail est remarquable : elle est du style roman du xe siècle.

Gipcy est à 2 myriamètres de Moulins.

Marigny. — Étendue, 1,724 hectares ; — population, 302 habitants ; — maisons, 43.

Village à 1 myriamètre de Moulins.

Meillet. — Étendue, 2,547 hectares ; — population, 425

EGLISE DE BESSON.
(Canton de Souvigny.)

TOUR DE NOYANT.
(Canton de Souvigny)

Lith Martial Place à Moulins

J. Batlau

ÉGLISE DE St MENOUX
Canton de Souvigny

habitants; — maisons, 78. L'église, curieuse, est partie du x° siècle, partie du xii°. Le tympan du portail est sculpté et les chapiteaux bysantins de plusieurs piliers sont très curieux.

Meillet est à 2 myriamètres 2 kilomètres de Moulins.

Noyant. — Étendue, 2,106 hectares; — population, 809 habitants; — maisons, 159. Commune qui possède des mines de houille en pleine exploitation. C'est dans cette commune que se trouve l'étang de Messarges qui alimente des usines importantes et est la source de la petite rivière de la Queune. On y voit encore les restes d'un vieux château qui consiste en une grosse tour carrée à mâchicoulis, du xv° siècle, sous laquelle, dit-on, il existe de vastes souterrains.

Noyant est à 2 myriamètres de Moulins.

Saint-Menoux. — Étendue, 2,763 hectares; — population, 1,206 habitants; — Maisons, 234. Bourg, situé au confluent des petites rivières du Chameron et de l'Ours, sur la route de Moulins à Saint-Amand. Là était le plus ancien et le plus considérable monastère de femme du Bourbonnais, il était de l'ordre de Saint-Benoît et dépendait du diocèse de Bourges. L'abbaye était vaste et bien bâtie au milieu de jardins et d'un parc immenses, ornés de fontaines; mais il n'en reste plus rien que l'église qui a subi bien des dégradations : elle est cependant encore d'un haut intérêt archéologique, et présente plusieurs parties très intéressantes pour l'histoire de l'art, surtout les plus anciennes, aussi elle a été heureusement classée au nombre des monuments historiques et vient d'être restaurée aux frais de l'État. On y voit un magnifique retable d'autel en albâtre et en marbre noir, travail du xv° siècle, dans le goût de ceux d'Anvers, de Gand et de Bruges.

L'abbaye de Saint-Menoux occupait un rang élevé dans l'ordre, les abbesses étaient de nominations royales et presque toujours tirées des plus illustres familles; elles ne reconnaissaient pour supérieurs que l'archevêque de Bourges et l'abbé de Cluny, et jouissaient du droit de haute, moyenne et basse justice.

La commune de Saint-Menoux s'appelait Mailly, et depuis a pris son nom actuel parce que le bienheureux Menoux, évêque et confesseur, dont les reliques furent découvertes vers l'an 1000, y avait reçu le martyre.

Saint-Menoux est à 1 myriamètre 6 kilomètres de Moulins.

www.ingramcontent.com/pod-product-compliance
Lightning Source LLC
Chambersburg PA
CBHW070539160426
43199CB00014B/2296